KB265907

말씀으로 살아낸 시간들

말씀으로 살아낸 시간들

지은이 | 장재윤
초판 발행 | 2026. 3. 18
등록번호 | 제1988-000080호
등록된 곳 | 서울특별시 용산구 서빙고로65길 38 두란노빌딩
발행처 | 사단법인 두란노서원
영업부 | 2078-3333   FAX | 080-749-3705
출판부 | 2078-3331

책 값은 뒤표지에 있습니다.
ISBN 978-89-531-5240-3   03230

독자의 의견을 기다립니다.
tpress@duranno.com   www.duranno.com

두란노서원은 바울 사도가 3차 전도여행 때 에베소에서 성령 받은 제자들을 따로 세워 하나님의 말씀으로 양육하던 장소입니다. 사도행전 19장 8-20절의 정신에 따라 첫째 목회자를 돕는 사역과 평신도를 훈련시키는 사역, 둘째 세계선교(TIM)와 문서선교(단행본·잡지) 사역, 셋째 예수문화 및 경배와 찬양 사역, 그리고 가정·상담 사역 등을 감당하고 있습니다. 1980년 12월 22일에 창립된 두란노서원은 주님 오실 때까지 이 사역들을 계속할 것입니다.

말씀으로 살아낸 시간들

하루의 묵상이 인생이 되기까지

장재윤

두란노

Contents

　이 책을 기록하다 보니 나의 자서전적 성격을 갖게 된 것 같습니다. 주변에서 지난 나의 일본 선교에 대하여 기록을 남겨야 한다고 이야기해 주어서, 누구나 다 하는 선교인데 책 집필에 은사도 없는 내가 무엇을 기록할 수 있을까 주저했습니다. 그런데 내가 개척하고 14년간 목회했던 동경온누리교회가 2026년 창립 25주년을 맞이하면서 'QT와 삶'이라는 주제로 실제 경험한 것들을 기록해 달라는 요청을 받게 되었습니다. 이것을 사람의 말이 아니라 성령님의 음성이라고 믿고 기록하기 시작했습니다.

　나는 한양대학교 자원공학과를 졸업하고 광산업을 하는 회사에서 광산 개발과 광산물 수출 업무를 담당했습니다. 그 후 일본의 중소기업과 제휴해서 전기제품 생산 및 수출하는 회사를 경영했습니다. 사업이 뿌리를 내려 가고 있는 과정에서 일본 선교의 사명을 받았습니다. 나는 전혀 갈등하지 않고 순종하기로 마음먹었습니다. 그리고 서울장로회신학대학교 학부와 대한예수교장로회총회신학연구원을 모두 야간반으로 공부했습니다. 낮에는 사업하고, 밤에는 신학교에서 공부하며 일본 선교의 꿈을 키웠습니다.

이 책에는 내가 예수님을 만나고 나서 지금까지 변화되고 경험한 것들을 기록했습니다. 모든 것이 하나님의 섭리요 계획이었으며 은혜였습니다. 원하기는 이 책을 읽는 사람마다 구원에 이르는 길을 발견하기를 바랍니다.

2026. 03.
장재윤

1부

사랑을 만나다

1장

방황은 예수를 만나야 끝납니다

주님 나를 만나 주세요

우리는 살아가면서 수많은 이를 만납니다. 태어나면서 부모를 만나고, 성장해 가며 스승과 친구들을 만납니다. 배우자를 만나 결혼도 합니다. 그런데 내 인생과 영혼에 가장 큰 영향을 미치는, 중요한 만남이 있습니다. 바로 예수님과의 만남입니다. 예수님을 만날 때 우리는 구원에 이르는 비밀을 소유하게 됩니다.

나는 어려서부터 교회를 다니며 주변 신자들로부터 '예수를 만났다'는 말을 숱하게 들었습니다. 설교를 들을 때도 목사님은 "예수님을 꼭 만나야 합니다"라고 말씀하곤 했습니다. 그럴 때마다 궁금했습니다. '예수님은 지금 하나님 보좌 우편에 앉아 계시는데 어떻게 이 땅에 살면서 그분을 만날 수 있나' 하고 생각했습니다. 지금 이 세상에서는 예수님의 실체를 만날 수 없고, 장차 재림의 때에 예수님과 "얼굴과 얼굴을 대하여 볼 것"(고전 13:12)이라고 생각했습니다. 그런데 많은 사람이 "나는 예수님을 만났습니다"라고 고백하며 기뻐했습니다. 사도행전 9장에서 사도 바울도 다메섹 도상에서 예수를 만났다고 하니, 내 갈등이 더 깊어졌습니다. 그러던 중 '나도 예수님을 만날 수 있지 않을까?'하고 생각하게 됐습니다. 고민 끝에 한 가지를 결심했습니다. 그것은 기도였습니다. "예수님, 나를 만나 주세요"가 내 기도제목이 됐습니다. 매일 새벽마다 열심히 기도를 올렸습니다. 1년을 빠지지 않고 기도했습니다. 그러나 아무 응답이 없었습니다.

하루는 예수님을 만났다는 분의 간증을 들었습니다. 한센병 마을에서 사역하던 김요셉 목사였는데, 그는 독일에서 신학 공부를 했다고 했습니다. 어느 날 수업 중에 교수님이 질문했답니다.

"너희 중에 예수의 부활을 믿는 자가 있으면 손을 들어 보아라."

그런데 아무도 손을 들지 않았습니다. 자유주의 신학이 배경인 학교였기 때문에 교수를 비롯해 학생 모두가 예수의 부활을 믿지 않는 것이었습니다. 갈등을 느낀 김요셉 목사는 그날부터 "하나님이 살아 계시다면 내 손을 한 번 만져 주세요"라고 기도했습니다. 언제 손을 만져 주실지 몰라서 밤에 잘 때에는 한 손을 이불 밖으로 꺼내 놓고 자곤 했습니다. 그런데 주님은 김요셉 목사가 그 학교를 졸업할 때까지 손을 만져 주시지 않았습니다.

김요셉 목사가 한국에 귀국한 후에 있었던 일입니다. 하루는 목회자들의 집회에서 말씀을 전하게 되었습니다. 그런데 강의 도중에 사람들이 한 명, 두 명 나가더니 급기야 남은 사람이 아무도 없게 되었습니다. 처음에는 독일에서 신학 공부를 하고 온 사람의 강좌라고 하니 호기심에 모였는데, 자유주의 신학을 이야기하니 아무도 들어주는 사람이 없었던 것입니다. 그는 실망했습니다. 그 뒤로는 아무도 그를 초청해 주는 곳이 없었습니다. 신학 공부는 마쳤지만 사역할 곳이 아무 데도 없었습니다. 그때 한 친구가 제안을 하나 했습니다.

"자네가 사역할 수 있는 곳이 딱 한 군데 있는데, 어디냐고 묻지 말고 따라와 주겠나?"

듣던 중 반가운 소리였습니다. 사역할 교회가 있다니 얼마나 고마운 일입니까! 김요셉 목사는 그길로 기차에 몸을 실었습니다. 아직 동트지 않은 새벽에 붉은 벽돌로 지은 아담한 교회에 도착했습니다. 친구가 말하기를 "자네는 오늘 새벽 기도 인도하는 것으로 이 교회의 목회 사역을 시작하는 걸세"라고 했습니다.

교회 안에 들어서니 강단에만 불이 켜져 있었습니다. 김요셉 목사는 기도하면서 기다렸습니다. 예배 시간이 되어서 강단 앞에 나가 회중을 바라보는데, 너무 놀랐습니다. 거기에 모인 사람들은 모두 한센병 환자였습니다. 어떻게 메시지를 전했는지 정신없이 예배를 마치고 보니 그곳은 한센병 환자들이 모여 있는 마을이었습니다.

날이 밝자 김요셉 목사는 교회 밖으로 나갔습니다. 그는 또 깜짝 놀랐습니다. 한센병 환자들이 새로운 목사님이 부임해 오신 것이 기뻐 인사하고 싶다며 줄을 서 있었습니다. 어쩔 수 없이 김요셉 목사는 그곳 사람들에게 인사하며 지나가는데, 한 할머니가 반가운 마음에 김요셉 목사의 손을 덥석 잡았습니다. 김요셉 목사는 갑작스러운 상황에 당혹감과 함께 불쾌감이 다가왔습니다. 그런데 그때 하늘의 음성이 들렸습니다.

"이 손이 바로 내 손이다."

김요셉 목사는 그 자리에서 고꾸라졌습니다. 신학생 시절 독일에서 매일같이 하던 기도 응답을 그 자리에서 받았습니다. 드디어 주님이 그의 손을 잡아 주셨습니다. 김요셉 목사는 한센병 마을에 간 첫날 아침 주님을 만났습니다.

김요셉 목사의 간증을 듣고 나는 더욱 간절해졌습니다. 꼭 주님을 만나야겠다는 절박함이 더욱 커졌습니다. 매일 새벽 "예수님, 나를 만나 주세요"라고 기도했습니다. 그런데 2년이 지나고 3년이 지나도록 응답이 없었습니다. 답답했습니다. 뭔가 음성이 들려오든지, 가슴이 찡해지든지, 꿈을 꾸든지, 환상이 보이든지 해야 할 터인데, 아무런 변화가 없었습니다. 이쯤 되니 '이제 그만 할까?'라는 생각도 들었습니다. 그런데 지나온 시간이 아까워서 포기할 수가 없었습니다. 그래서 계속 기도했습니다. 그렇게 또 4년이 지나고 5년이 지났습니다. 여전히 아무 표적이 나타나지 않았습니다. 이제는 절대로 포기할 수도 없었습니다. 더 열심히 끈질기게 기도했습니다.

6년째 되던 어느 날 새벽, 드디어 주님이 찾아오셨습니다. 하얀 세마포 옷자락을 휘날리면서 광채를 발하며 내게 다가오셨습니다. 그때 나는 '드디어 오늘 예수님을 만나는구나!' 했습니다. 기뻐하며 주님을 맞이하려는 순간, 이게 웬일입니까? 내가 이렇게 말했습니다.

"주님 내게 가까이 오지 마십시오."

주님이 걸음을 멈추셨습니다. 그날 나는 주님과의 만남에 실패했습니다. 6년을 기도한 끝에 만난 예수님인데, 내가 왜 그랬을까요?

나는 그때 놀라운 경험을 했습니다. 지극히 거룩하신 분 앞에 서니 내가 얼마나 더럽고 부패한 죄인인지 깨달아진 것입니다. 내 안에 부패하고 더러운 것들이 역겨운 냄새를 품겼습니다. 그 냄새들이 예수님의 옷자락에 배어들면 어떡하나 하는 걱정이 앞섰습니다. 그래서 나도 모르게 그런 말이 튀어나간 것입니다.

이튿날 새벽에도 주님이 찾아오셨습니다. 그런데 그때도 나는 전날과 똑같이 말했습니다. 그날도 주님은 더 이상 가까이 오지 않으셨습니다. 이런 일이 약 일주일간 계속됐습니다. 그때 나는 더 철저히 회개하고 깨끗해져서 예수님을 맞이하는 것이 예의라고 생각했습니다. 아무래도 어려서부터 뿌리 깊게 박힌 유교사상이 예수님을 믿는 데 방해가 된 것 같았습니다.

그런데 계속 같은 상황이 반복되자 이대로는 안 되겠다는 생각이 들었습니다. 나는 그냥 더러운 죄인 모습 그대로 예수님을 맞이하기로 마음을 바꿨습니다. 다음날 기도하러 나간 자리에 주님이 또 나를 찾아와 주셨습니다. 나는 그냥 주님께 손을 내밀었습니다. 더러워도 할 수 없다고 생각했습니다. 그런데 주님은 내 손을 그대로 잡아 주셨습니다. 주님이 내게 말씀하셨습니다.

"아들아! 세월이 오래 걸렸구나."

드디어 주님을 만났습니다! 1986년 12월 12일이었습니다. 꿈인지, 환상인지, 현실인지 구분할 수 없지만, 내가 주님을 만났다는 것만은 확실했습니다.

나의 단짝 친구 예수님

주님을 만난 날부터 내 안에서 오열과 통곡이 쏟아져 나왔습니다. 그 후 3개월간 기도만 하면 통곡했습니다. 그러다가 말씀 한 구절이 눈에 들어왔습니다.

“볼지어다 내가 문 밖에 서서 두드리노니 누구든지 내 음성을 듣고 문을 열면 내가 그에게로 들어가 그와 더불어 먹고 그는 나와 더불어 먹으리라”(계 3:20).

마음의 문을 열라는 것이지요. 우리는 종종 “여러분, 내 마음의 문을 열어야 주님이 들어오십니다”라는 설교를 듣지 않습니까? 나도 예수님을 만났으니 이제는 그분께 마음을 열어야 했습니다. 어떻게 하면 열 수 있을까요? 그것이 내게 다음 숙제가 되었습니다.

예수님께 마음을 열었습니까? 어떻게 열었습니까? 생각해 보면 누구도 그 방법을 알려 주지 않았습니다. 그런데 분명한 것은 예수님이 내 마음속으로 들어오고 싶어 하신다는 것입니다.

예수님의 열망을 생각해 본 적이 있습니까? 예수님은 사람의 몸으로 이 땅에 오실 때, 베들레헴 어느 집 외양간의 구유로 오셨습니다. 구유란 소, 말 등 동물들의 먹이를 담아 두는 먹이통입니다. 닦아 내는 일도 없고, 먹다 만 먹이들이 부패해서 역겨운 냄새가 나는 곳이 구유입니다. 예수님은 갓난아기일 때 이 구유에 누우셨습니다. 역겨운 냄새를 맡으며 오염된 공기로 호흡하셨습니다. 세상에 어느 부모가 갓 태어난 내 아기에게 이런 오염된 공기를 마시게 하고 싶겠습니까? 그런데도 예수님이 여기에 누우셔야만 했던 이유가 있었을까요?

나는 이 부패하고 더럽고 역겨운 냄새로 가득한 구유가 상징하는 바가 있다고 생각합니다. 바로 인간의 마음입니다. 인간의 마음만큼 부패하고 역겨운 것이 있을까요? 온갖 더러운 것들, 예컨대 미움, 증오, 이기심, 시샘, 음모, 음행, 분노 같은 것들로 가득 차서 썩은 냄새가 물씬 풍기는 곳이 바로 인간의 마음 아닙니까? 그러니까 구유는 인간의 마음을 상징합니다. 예수님이 태어날 때부터 구유에 뉘었다는 것은 상징적으로 인간의 마음속으로 들어오시겠다는 열망을 나타내신 것입니다!

내가 예수님을 만났으면, 이제는 그분이 내 마음속으로 들어오셔야 합니다. 그러기 위해서는 내 마음을 주님을 향해 열어야 합니다. 문제는 내 마음인데도 내 마음대로 되지 않는다는 것입니다. 그때부터 고민에 빠졌습니다. '마음의 문을 어떻게 열지?' 이번에는 성령님께 부탁드리고 기도했습니다. 예수님께 내 마음의 문을 열 수 있게 해 달라고 졸랐습니다. 그때 성령님이 중학교 시절 단짝을 떠올리게 해주셨습니다. 나와 그 친구는 어디를 가도 함께였습니다. 공부도, 운동도 같이 했고, 심지어 싸움판이 벌어지면 한패가 되어서 싸웠습니다. 우리는 서로에게 숨기는 것이 없었습니다. 모든 것을 털어놓고 이야기했습니다. 창피 당한 일도, 자랑거리도, 마음속으로만 생각했던 부끄러운 것까지도 숨김없이 모두 이야기했습니다. 오히려 부모님이나 형제들에게는 이야기하지 못한 것이 많았습니다. 그렇지만 그 친구에게만은 이야기했습니다. 그 친구와 나 사이에는 벽이 없었습니다. 마음의 문을 완전히 열어 놓고 지냈습니다.

그 친구를 떠올려 보니까 내가 누군가에게 마음의 문을 열었던 적이 있었다는 것을 새삼 알게 되었습니다. '그렇다면 그 친구에게 했던 것처럼 예수님께 한다면 그것이 마음의 문을 여는 것 아닌가?' 이런 생각에 이르자 희망이 보였습니다. 그날부터 나는 예수님께 내 모든 것을 말씀드렸습니다. 그날 있었던 일, 그 일들의 원인과 결과, 설령 부끄러운 일이라도 말씀드렸습니다. 그리고 당시 내 생각과 감정, 아이디어, 느낌 등, 누구에게도 말할 수 없는 조그만 비밀까지 다 고백하고 말씀드렸습니다. 단짝친구가 하루아침에 생기는 것이 아니듯이 예수님께 이렇게 다가가는 것이 쉽지만은 않았습니다. 시간은 조금 걸렸지만, 꾸준히 다가가니 어느새 예수님과 나는 단짝친구가 되어 있었습니다. 그렇게 나는 예수님께 마음의 문을 열 수 있었습니다.

하루는 요한계시록 3장 20절 말씀을 다시 보면서 묵상해 보았습니다. 예수님이 내 안에 들어오셔서 나와 함께 먹는다고 하십니다. 항상 나와 함께 식사하십니다. 이 구절을 문자 그대로 읽고 생각하고 돌이켜보니 내가 예수님께 큰 실례를 했다는 걸 알았습니다. 내가 함께 식사하시는 그분께 "예수님, 무엇을 드시고 싶으세요?"라고 한 번도 묻지 않고 일방적으로 메뉴를 정했던 것입니다. 그날부터 나는 기도할 때마다 마치 고급 레스토랑에서 메뉴판을 보며 이야기 나누듯 '예수님, 뭐 드시겠습니까?'라고 마음속으로 물었습니다. 기도라기보다는 그냥 마음속 중얼거림이었습니다. 그런데 재미있게도 그 중얼거림에 예수님이 화답해 주셨습니다.

"나는 네가 좋아하는 것은 다 좋다."

그 후부터 나는 메뉴를 자유롭게 선택합니다. 물론 먼저 예수님께 "오늘은 이거예요!"라는 한마디로 기도를 시작합니다.

아버지 집으로 돌아오기만 하면

예수님은 성령님을 통해 만난다고 생각합니다. 오순절 날 성령님이 임하셨을 때, 하늘로부터 홀연히 강한 바람 소리 같은 것이 있었다고 합니다. 그리고 불의 혀같이 갈라지는 모습으로 그들에게 보였다고 기록하고 있습니다. 성령님은 이 세상에 오실 때, 눈에 보이지 않는 어떤 현상으로 오셨습니다. 반면에 예수님은 사람들의 눈에 보이도록 인간의 몸을 입고 오셨습니다. 신약의 복음서에 나오는 수많은 사람은 인간의 몸으로 오신 예수님의 실체를 만났습니다. 그러나 지금은 실체를 만날 수 없고, 성령님을 통해 어떤 현상으로 만나게 됩니다.

바울이 아직 사울이던 때, 예수 믿는 사람들을 체포하여 옥에 가두려고 다메섹으로 가고 있었습니다. 그런데 도중에 하늘에서 음성이 들려왔습니다. "사울아 사울아 네가 왜 나를 박해하느냐"(행 22:7). 바울이 놀라서 "주님 누구시니이까" 하고 묻자 두 번째 하늘의 음성이 들렸습니다. "나는 네가 박해하는 나사렛 예수라"(행 22:8). 이때 바울이 고꾸라졌습니다. 예수님을 만난 것입니다. 이때 바울이 만난 예수님은 인간의 몸이 아니셨습니다. 예수님이 승천하신 후 그분을 만난다고 하는 것은 그분의 실체가 아닌, 성령님을 통해 어떤 현상으로 만나는 것입니다.

나는 하얀 세마포 옷을 입으시고 옷자락을 펄럭이시면서 밝은 빛 속에서 다가오시는 환상을 통해 예수님을 만날 수 있었습니다. 수십 년이 지났지만, 마치 어제 만난 것처럼 기억이 생생합니다. 제 아내는 한때 갈등이 깊어 예수님을 만나지 않고는 죽을 것 같았다고 합니다. 그래서 기도원도 가 보고 나름대로 열심을 다했지만, 만날 수 없었습니다. 결국 작정 기도에 들어갔습니다. 하루에 네 번 시간을 정해 놓고(아침 10시, 오후 3시, 밤 10시, 새벽 3시) 기도했습니다. 밤에 잠도 못 자고 기도에 전념했습니다. 꿇어앉은 발등에 굳은살이 박일 정도였습니다.

그렇게 1년 정도 기도했습니다. 어느 날 뜻하지 않은 일이 생겼습니다. 어느 토요일 대낮에 제 아내가 집에 혼자 있는데 2인조 강도가 들이닥쳤습니다. 강도들도 사업 계획을 세우고 침입할 텐데, 우리가 잘사는 것처럼 보였나 봅니다. 사실 아무것도 없는 집이었습니다. 다만 당시 우리 집에 팩스 기계가 있었는데, 보급되기 시작한 단계라 매우 비쌌습니다. 아마도 그걸 보고 우리 집을 선택했던 게 아닌가 추측합니다. 그들은 아내에게 귀중품을 스스로 다 내놓게 하고 진짜와 가짜를 구분해 놓으라고 윽박질렀습니다. 나가면서는 아내를 창고에 가두고 문을 못으로 박았습니다. 또 경찰에 신고하면 죽일 거라고 위협했습니다.

아내는 캄캄한 아파트 창고에 갇혀 있는데, '어떻게 이런 일이 있을 수 있나!'라는 생각이 들었답니다. 어둠 속에서 하나님께 회개의 기도를 드렸습니다. "내가 얼마나 잘못한 것이 많으면 집에 강도까지 들어옵니까?" 그런데 그 회개 기도가 하나님께 올라가지 않는 것 같아서 다시 기도했습니다. "이런 사망의 음침한 골짜기에서 저를 구원해 주신 하나님께 감사드립니다"라고 기도하며 찬양하고 있는데, 그 어둠 속에 빛이 임했습니다. 아내는 그야말로 극적으로 어두운 창고 속에서 주님을 만났습니다.

그 후 아내에게 방언이 임했고, 그것을 통역까지 하는 통변의 은사가 임했습니다. 그리고 약 두 달 후에 내가 예수님을 만났습니다. 어떤 사람은 수련회에서 은혜 받디기, 이떤 사림은 인수기도 빋다가 뜨거움이 임하면서 예수님을 만났다고 하던데, 우리 부부의 경험으로 보면 예수님을 만난다는 것이 결코 쉽지 않은 것 같습니다.

분명한 것은, 인생의 방황은 예수를 만나야 끝난다는 것입니다. 예수를 만나기 전까지의 삶은 탕자의 모습이었다고 생각합니다.

예수님을 만나면 신분 변화가 생깁니다. 죄인에서 의인으로 변합니다. 세상 사람에서 하나님의 자녀로 신분이 변합니다. 주님과의 만남이 이렇게 중요합니다. 예수님이 말씀하셨습니다.

"예수께서 이르시되 내가 곧 길이요 진리요 생명이니 나로 말미암지 않고는 아버지께로 올 자가 없느니라"(요 14:6).

누구든지 예수님을 만나고 하나님 앞으로 나아가기를 바랍니다.

2장

하나님이 다 준비하십니다

내 인생 전체가 해석된 부르심

1987년 8월 11일 아침 기도 시간에 히니님이 저희 부부에게 일본 선교 사명이 있다고 말씀해 주셨습니다. 당시 나는 소위 잘나가는 사업가였습니다. 그러던 중 선교 사명을 받은 것입니다. 그러나 전혀 갈등하지 않았습니다. 오히려 인생 후반전에 들어서기 앞서 일본 선교라는 비전을 갖게 되자 내 인생이 해석되었습니다.

아내를 처음 만났을 때만 해도 나는 그녀의 어머니가 사카모토 아이코라는 이름을 가진 일본인이라는 사실을 몰랐습니다. 결국 나는 일본인 장모를 둔 사위가 되었습니다. 딸들은 엄마에게 살림을 배운다고 하던데, 그래서인지 결혼해서 꾸며진 집은 모든 것이 일본식이었습니다. 벽에는 '카케모노'(그림, 글 등을 담아 두루마리 형식으로 만든 벽장식)가 걸렸고, 그 아래에는 '이케바나'(일본식 꽃꽂이)가 놓였습니다. 식사도 일식이 주식이었습니다. 아내는 한국 요리를 잘 몰랐습니다. 하루는 처갓집에서 참치를 보내 주어 아내가 회를 떠 내주었습니다.

그때까지 나는 회 요리를 먹어 본 적이 없었습니다. 날 생선이 입속에 들어와 씹힐 때 감촉이 너무 이상해서 아내에게 "나 이거 못 먹겠다"라고 말했을 정도였습니다. 그때는 아내나 나나 음식 문제로 갈등했지만, 세월이 지나니 나는 일본 음식을 다 잘 먹게 되었고, 아내도 한식 요리를 잘하게 되었습니다.

나는 사회생활을 시작하면서 광물 수출업에 종사했습니다. 1970년대 초반 우리나라 수출 품목 약 70퍼센트가 광산물이었습니다. 그 후 가발 산업, 섬유, 봉제 산업, 중화학, 철강, 자동차, 조선 산업으로 발전했습니다. 내가 다니던 회사는 광산물을 일본과 대만으로 수출했는데, 그때 일본과의 비즈니스를 배웠습니다. 산업 발전과 함께 광산물 사업에 장래성이 없다고 판단하여 고민하던 중, 지인 소개로 일본 전기제품을 제조하는 중소기업과 제휴하여 14년간 개인 사업을 했습니다.

일본과는 이런 식의 인연이 있었기 때문에 일본어 공부도 열심히 했습니다. 책을 잘 읽는 편은 아니었지만 일본 장편 역사 소설이나 현대 소설 등을 재미있게 읽었습니다. 그러다 보니 일본어나 일본 문화를 많이 알게 되었고, 비즈니스에 불편함이 없을 정도가 되었습니다. 그런데 시간이 한참 지나 일본 선교에 비전을 갖고 보니, 하나님이 모든 것을 계획하셨다는 사실이 깨달아졌습니다. 제 삶이 해석되었습니다. 어쩌면 하나님은 저를 일본 선교사로 보내시려고 일찍부터 마음 먹으셨던 것 같았습니다. 일본 선교를 떠나기 전부터 일본의 문화, 전통, 사고방식, 언어를 익히게 하셨으니 말입니다.

내가 다니던 온누리교회는 큐티, 일대일 제자 양육 등 다양한 프로그램을 운영하고 있습니다. 나는 이 프로그램에 참여하면서 성경 용어를 일본어로 익히기 위해 일본어 성경과 한글 성경을 대조하면서 6년간 공부했습니다. 그 결과 일본에서 교회를 개척하자마자 처음부터 일본어로 설교할 수 있었습니다. 물론 서툴렀습니다. 기도하며 성령님의 도우심을 구하며 열심히 준비했습니다.

온누리교회에서 시작한 일본 사역

일본 선교의 사명을 받고 일본에 가기 전, 서빙고 온누리교회 주변 일본인들을 위해 기도했습니다. 1990년 당시 내가 살던 곳 주변에는 2,000여 명의 일본인이 거주하고 있었습니다. 그때 해외선교회 주관으로 온누리교회에서 일본인 대상으로 한글 강좌를 시작했는데, 약 50명이 모였습니다. 이들은 문화적 내용에 적극 반응했습니다.

이후 일본 어린아이들을 위한 교회학교를 열고 싶다는 마음이 생겼습니다. 하용조 목사님께 말씀드리자 적극적으로 격려해 주셨습니다. 당시 온누리교회에는 3,000여 명의 성도가 모였고 해외 선교에도 열정적이었지만, 일본 선교에 대해서는 전무했습니다. 주일에 사용할 공간도 부족했습니다. 여러 가지 환경적인 어려움을 안고 어떻게 시작하면 좋을까 고민하며 기도했습니다. 어떻게 해야 일본 부모들이 자녀를 교회로 보낼까 고민하며 하나님께 매달려 기도하자 아이디어를 주셨습니다. 주일 대신 토요일 오후 시간을 활용해 보면 좋겠다는 것이었습니다. 그렇게 '토요학교'를 시작했습니다.

나는 이것을 '영혼 구원 작전 계획'이라고 생각했습니다. 토요학교는 토요일 오후 2시부터 4시까지 진행했습니다. 1부는 찬양과 예배, 2부는 희망에 따라 영어 클래스, 바이올린 레슨 등으로 나누었습니다. 1부와 2부를 각각 한 시간씩 세트로 구성했고, 1부 또는 2부만 참가하는 것은 불가능하도록 했습니다. 홍보 팜플렛을 만들어 한글 강좌 수강생들에게 나누어 주고 설명회를 열어 이해를 도왔습니다. 많은 부모와 아이들이 참석해 주었습니다. 이날 열여덟 명의 아이가 등록했습니다. 설명회는 성공적이었습니다.

그리하여 1990년 6월 첫 토요일, 하나님이 주신 작전 계획대로 토요학교가 시작되었습니다. 온누리교회 일본 선교의 첫 발걸음이었습니다. '선교는 모험이구나'라고 느꼈습니다. 하나님은 각각의 자리에 적임자들을 보내 주셨습니다. 한국에 유학중이던 마츠모토 아키히로 부부를 비롯해 다케다 기쿠코, 구가치 에코, 미요시 유키코, 미와 노부오 목사 등을 보내 주셨고, 영어 강사 황이연 집사, 바이올린 레슨과 섬김을 담당한 김혜정 권사 등이 헌신해 주었습니다. 나중에는 2부에 컴퓨터반, 미술반 등도 개설했습니다. 하나님은 토요학교를 축복해 주셨습니다. 포트럭 파티, 크리스마스 파티 등을 열었는데, 그 자리에 아이들의 부모님들을 초대하여 예수님을 전했습니다. 분위기가 매우 좋았습니다.

1990년 10월 온누리교회 창립기념일에 외국어 예배 중 일본어 예배를 가장 먼저 시작하게 되었습니다. 초대 목사로는 미와 노부오 목사가 섬겨 주었습니다. 일본어 예배 청년부도 생겼습니다. 이렇게 하나님은 일본 선교를 위한 자원을 키워 주셨습니다.

누명을 벗다

1994년 나는 온누리교회 장로가 되었습니다. 그때만 해도 한국에 있으면서 후쿠오카현 가스가시에 있는 소규모 교회를 격주로 방문하며 섬기곤 했습니다. 그러다가 1998년 온누리교회 사역자가 되어 본격적으로 목회 훈련을 받고, 2000년 10월 목사 안수를 받았습니다. 일본 선교사로 나갈 준비가 되었다고 생각했습니다.

목사 안수를 받던 해에 갑자기 오사카 온누리교회를 개척하게 되었습니다. 그때 보안 설비 사업을 하는 와다 사장님을 만났습니다. 와다 사장님은 믿음이 없었지만 아내가 믿는 한국인이었습니다. 온누리교회 예배당 입구에 있는 헌금함에 자유롭게 헌금하는 모습이 참 인상 깊었다고 했습니다. 그들에게는 오사카 우에혼마치에 빌딩이 하나 있었는데, 그곳 3층에서 오사카 온누리교회를 시작했습니다. 김사무엘 목사님이 서울에서 매주 주말 오사카로 가 목회를 담당했습니다. 1층에는 두란노서점도 개점했습니다.

2001년 초, 온누리교회에서 목회 훈련을 마치고 드디어 선교사 비자를 받아 도쿄로 갔습니다. 그곳에서 준비된 몇 명과 함께 동경온누리교회를 개척했고, 4월 7일 창립 예배를 드렸습니다. 드디어 일본 선교사로서 일본의 한 교회를 섬기게 되었습니다. 아내와 함께 열심히 봉사하며 몸이 피곤한 것도 모른채 사역에 전념했습니다.

그 무렵 나가노현 우에다에 있는 한 교회를 인수해야 하는 일이 생졌습니다. 예상에 없던 일이었습니다. 하용조 목사님도 인수 여부를 놓고 고민하셨습니다. 지인 목사의 장모 권사님이 강권하셔서 어쩔 수 없이 동경온누리교회와 함께 그 교회를 담당하게 되었습니다. 그러나 그 교회에는 성도가 단 한 명도 없었습니다. 이전 목사가 일본인이었는데, 귀신을 쫓는 사역을 많이 했다고 했습니다. 그 바람에 성도들이 모두 떠나고 아무도 남아 있지 않았습니다.

교회는 언덕 위의 작고 낡은 건물이었는데, 인수가가 9,000만 원이었습니다. 본부 당회에서 이 비용을 모두 담당했습니다. 그런데 잔금을 치르는 날, 이전 소유주였던 일본인 목사가 나타나지 않았습니다. 그는 얼마 지나지 않아 "시세보다 싸게 팔았다"며 제값을 달라고 요구했습니다. 그가 요구한 금액은 2억 7,000만 원이었습니다. 그는 돈을 내놓으라면서 문제를 일으켰습니다. 우리가 그의 요구를 거절하자 그 후로 며칠 간격으로 저주하는 편지를 보내오기 시작했습니다. 성경 예레미야서의 저주 구절들을 인용하며 "너는 망하리라"라고 쓰거나, 엽서에 적어 보내 다른 사람들도 보게 했습니다. 그것도 모자라 그는 돈이 필요할 때마다 사금융에서 융자를 받고 교회 건물 등기부에 담보를 설정했습니다. 상황이 자꾸만 어렵게 흘러갔습니다. 동경온누리교회 목회도 바쁜데 이런 복병을 만난 것이었습니다. 이 문제는 무려 4~5년간 이어졌습니다.

봄철 벚꽃이 아무리 아름다워도 내 눈에는 들어오지 않았습니다. 만약 이 문제가 해결되지 않아 우리 이름으로 등기를 치지 못한다면 졸지에 9,000만 원을 횡령한 자로 몰릴 수도 있는 상황이었습니다. 그러다가 마침내 우에다 재판소에서 경매 통지가 왔습니다. 차라리 이렇게 되는 것이 돌파구일 수 있겠다고 생각했습니다. 나는 당시 우에다 온누리교회를 담당하던 야마구치 목사와 함께 재판소로 갔습니다. 기도하는 마음으로 금액을 적어 응찰했습니다. 내가 적은 가격은 7,146만 5,000원이었습니다. 재판소의 최저 매각가격은 6,500만 원이었습니다. 처음 계약했던 9,000만 원이 합리적이라 판단해 내린 가격이었습니다.

일주일 뒤 결과가 나왔습니다. 결과를 받아들고 하나님의 역사하심에 소스라치게 놀랐습니다. 입찰에는 총 네 곳이 참여했습니다. 그중 2등이 7,140만 원이었습니다. 우리가 불과 65,000원 차이로 이긴 것입니다. 하염없이 눈물이 쏟아졌습니다. 멍하니 하늘만 볼 뿐이었습니다. 이후 등기부를 깨끗이 정리했고, 횡령 의혹에서도 벗어나게 되었습니다. 이전 목사의 저주가 담긴 편지도 멈췄습니다. 할렐루야!

일본에 간 지 5년 만에 아내와 함께 처음으로 우에노 공원에서 벚꽃을 구경했습니다. 드디어 봄꽃이 제 눈에 들어왔습니다. 너무 아름다웠습니다. 그 꽃을 내게 보여 주신 하나님을 찬양했습니다.

목회는 성령님이 하신다

그동안 동경온누리교회는 많은 성도가 모여 새로운 장소인 스미다구 긴시초로 이전했습니다. 교회 안에서는 큐티가 뿌리내려 주일 예배 후 큐티 나눔방이 활발히 운영되었습니다. 일대일 제자양육도 안정적으로 정착했습니다. 나는 이때 교회에는 좌우 두 기둥이 필요하다는 것을 깨달았습니다. 하나는 큐티, 또 하나는 일대일 제자양육입니다. 그리고 그 중앙의 든든한 기둥은 예배여야 한다는 사실도 깨달았습니다.

주중에도 큐티 나눔방이 열렸습니다. 그중 목요일에는 '유모차부대 큐티 나눔방'이 있었습니다. 아기를 키우느라 힘들었지만 엄마들이 유모차를 끌고 전철을 타고 교회에 와서 서로의 어려움을 나누며 울곤 했습니다. 아내가 그 모임을 인도했습니다. 아내는 모인 사람들에게 이렇게 이야기해 주곤 했습니다.

"아기 키우느라 힘들죠? 하나님이 당신을 훈련시키려고 그 아기를 맡기신 거니까 잘 감당하세요."

엄마들은 올 때는 울며 나눔을 시작했지만, 돌아갈 때는 위로와 격려를 받아 웃으며 인사를 나눴습니다. 그런 은혜가 있었기 때문에 엄마들은 육아에 지친 몸을 이끌고라도 목요일만 되면 반드시 교회로 왔습니다. '유모차부대 큐티 나눔방'은 지금도 아름다운 추억으로 남아 있습니다.

한번은 하용조 목사님이 동경온누리교회에서 큐티 나눔하는 것을 보시고는 "내가 큐티를 잊고 있었던 것 같다. 다시 큐티를 살려야겠다"고 말씀해 주신 적이 있습니다. (하용조 목사님은 돌아가시기 전 4년간 도쿄에서 치료를 받으셨는데, 그때마다 사모님과 함께 주일 예배를 동경온누리교회에 와서 드리셨습니다. 부담이 되기도 했지만 오히려 설교 준비를 더 열심히 하고 말씀에 군더더기를 다듬는 훈련을 할 수 있었습니다.) 그해 온누리교회 사역축제

(OMC) 주제가 큐티로 진행되었습니다. 저희 교회가 준비한 40분짜리 큐티 다큐멘터리를 OMC 때 상영했는데, 여러 목회자가 보고 자신들의 교회에서도 하고 싶다며 DVD를 요청하기도 했습니다.

동경온누리교회는 약 500명 성도가 모이는, 일본에서 대형교회로 불릴 만큼의 부흥을 이루었습니다. 14년 동안 그곳에서 사역하며 180여 명에게 세례를 주었습니다. 위기도 있었습니다. 2011년 3월 동일본 대지진이 일어나면서 많은 한국인 성도가 귀국해야 했습니다. 일본은 지진과 화산의 나라라는 것이 실감이 났습니다. 그렇다고 교회가 무너지지는 않았습니다. 그때 절실히 깨달은 것이 있습니다. 목회는 내가 하는 것이 아니라 성령께서 하신다는 사실이 있습니다. 그래서 나는 항상 목회는 성령 목회여야 한다고 주장합니다.

동경온누리교회를 목회하면서 나는 우에다, 야치오, 요코하마, 나고야, 교토 등지의 교회 개척에 산파 역할을 했습니다. 일본에서 장소를 얻는 일에 직접 나서야 했습니다. 또한 CGN(당시 CGNTV)이 일본에 들어오려 할 때에도 관련 단체들을 설득하는 일을 맡아야 했습니다. 현지에서는 그리 반기는 분위기가 아니었기 때문입니다. 특히 CGN 장소를 계약하는 데 애를 먹었습니다. 한국 측에서는 "돈을 주는데 뭐가 문제냐"고 할 수 있겠지만, 일본인들은 돈보다 신뢰를 중요하게 생각합니다.

온누리교회가 일본 전도에 깊이 들어가자 일부 현지 목회자들은 경계하는 태도를 보이기도 했습니다. 어떤 사람들은 "한국에서 쿠로부네(흑선)가 들어왔다"라고 표현했습니다. '쿠로부네'란 1854년

3월 8일, 페리 제독이 이끄는 미국 함대가 요코하마에 상륙하여 미일 화친 조약을 맺고 통상을 시작한 사건에서 비롯된 말입니다. 이들에게 온누리교회와 러브소나타가 쿠로부네처럼 여겨졌다는 것은 그리 긍정적인 반응은 아니었습니다. 나는 긴장했지만 영향력 있는 목회자들을 직접 찾아가 열심히 설명하며 설득했습니다. 마음속으로 '환영은 못 받더라도 반대만은 하지 말아 주기를' 기도했습니다. 겉으로는 모두 미소로 반겨 주었지만, 그들의 진심은 저에게 늘 숙제였습니다. 그래서 한 번 설명으로 끝내지 않고 계속 찾아가 상황을 보고하며 신뢰를 쌓아 갔습니다. 그들의 마음을 사는 데 정말 애썼습니다. 자칫하다가는 정말로 쿠로부네가 좌초할 수 있었습니다. 그야말로 나의 외로운 작업이었습니다.

일본에 러브소타나가 울리다

감사하게도 온누리교회는 일본에 일곱 개 교회를 개척했습니다. CGN도 개국했고, 이어서 문화 전도 집회인 '러브소나타'를 시작했습니다.

2007년 러브소나타는 첫해에만 여섯 곳(오키나와, 후쿠오카, 오사카, 도쿄, 센다이, 삿포로)에서 열기로 했습니다. 그런데 문제는 온누리교회 본부로부터 모든 집회 장소를 찾아 계약하라는 지시가 떨어졌다는 것이었습니다. 본부에서는 도쿄에서만 2만 명, 오사카 5천 명, 나머지 네 곳은 각각 2천 명 규모를 계획하고 있었습니다. 이는 기독교 집회로서는 이례적일 정도로 대규모였습니다. 빌리 그래함 전도집회와

맞먹는 정도였습니다.

도쿄 집회를 위해 장소를 물색했습니다. 무도관은 1만 5,000명, 도쿄돔은 5만 명 수용 가능했지만 적합하지 않았습니다. 결국 사이타마 슈퍼 아레나(2만 명 수용 가능)를 목표로 삼았습니다. 대관과 관련해 담당자와 미팅을 했습니다. 담당자는 제 서류를 꼼꼼히 검토한 뒤 "당신들은 일본에서 아이덴티티가 없다. 자격이 없다"고 말했습니다. 나는 기도하며 그를 설득했습니다. 결국 담당자가 아이디어를 제시했습니다. 일본의 이벤트 회사와 함께하면 계약이 가능하다고 했습니다. 그래도 상황이 완전히 꽉 막힌 것은 아니었습니다. 희망이 보이기 시작했습니다. 하나님이 일의 저음과 끝을 모두 주관하고 계시다는 믿음이 더욱 확실해졌습니다.

주변의 도움과 소개로 한 이벤트 회사와 연결이 되었습니다. 우리 쪽 상황을 설명하고 나니 사장이 단 하나를 물었습니다.

"2만 명의 청중을 어떻게 모을 계획입니까?"

당시 오사카 CGNTV 개국 행사에 배우 최지우 씨가 참석해 인사한 영상 DVD가 있었습니다. 나는 그걸 보여 주며 "겨울연가의 최지우 배우가 출연할 계획입니다"라고 말했습니다. 이벤트 회사 관계자가 깜짝 놀라며 "그렇다면 가능합니다"라고 말했습니다. 신뢰를 얻은 것입니다. 이후부터는 이벤트 회사가 계약을 주도했고, 사이타마 슈퍼 아레나와 정식 계약이 이루어졌습니다. 보통 이런 규모의 계약은 2~3년 전에 진행하지만, 우리는 불과 6개월 전에 진행했습니다. 그야말로 하나님의 간섭하심이었습니다.

이제 남은 일은 정말로 2만 명을 모으는 것이었습니다. 도쿄 중심으로 목회자 실행위원회를 꾸려 분과 책임자를 세웠습니다. 온누리교회 본부에서도 부목사들과 스태프들이 도쿄로 와 사무실을 차리고 교회를 방문하며 홍보했습니다. 동경온누리교회 성도들도 거리와 전철에서 열심히 홍보했습니다. 그 결과 2007년 도쿄에서 열린 러브소나타에는 믿지 않는 일본인 3,500여 명이 슈퍼 아레나 중앙 좌석을 채웠습니다. 그밖에 현지 교인들도 많이 모여 주었고, 한국에서도 5,000여 명이 비행기를 타고 와서 참석해 주었습니다. 그야말로 대규모 집회가 이루어졌습니다.

집회에서 말씀을 전하신 하용조 목사님은 이렇게 연설을 시작하셨습니다.

"과거 일본이 한국을 힘들게 해서 오랫동안 미워했습니다. 여러분을 미워한 죄를 용서해 주십시오."

집회는 성공적으로 진행되었습니다. 일본 청중들은 눈물을 흘리며 마음을 열었고, 그 열린 마음에 복음의 씨앗이 심겼습니다. 다음 날에는 일본 기독교 신문 1면에 도쿄 러브소나타 집회 소식이 대대적으로 실렸습니다. 일본 교회사에 남을 만한 사건이었습니다. 아쉽게도 배우 최지우 씨는 스케줄이 맞지 않아 미처 방문하지 못했지만, 영상으로나마 인사말을 전해 주었습니다. 그 외에도 오키나와, 후쿠오카, 오사카, 삿포로 등지에서 집회가 있었습니다. 특히 센다이에서는 처음 담당자가 거절했으나, 다음 날 담당자가 바뀌어 허락을 받는 기적 같은 일도 있었습니다.

러브소나타를 준비하며 나는 목사이면서 동시에 비즈니스맨이었습니다. 일본인과 사업 경험, 문화와 언어, 역사에 대한 이해까지, 하나님이 미리 훈련시켜 주신 모든 것을 사용하셨음을 깨달았습니다.

은퇴, 그리고 새로운 시작

세월이 흘러 어느덧 나도 은퇴할 나이가 되었습니다. 2014년 말, 동경온누리교회를 14년 넘게 섬기고 은퇴했습니다. 은퇴 후 한국으로 돌아갈지, 일본에 남아 선교를 계속할지 기도하며 고민했습니다.

나와 아내는 일본살이 13년차가 되어서야 영주권을 신청했습니다. (보통 10년 이상 거주해야 신청이 가능합니다.) 나이 든 부부가 일본 복지비에 짐이 될까 걱정했지만, 괜한 걱정이었습니다. 6개월 만에 영주권이 나왔습니다. 일본 선교를 계속하라는 하나님의 뜻이 분명했습니다. 다만 후임 목사와 성도들을 위해 도쿄에 계속 머무는 것은 바람직하지 않다고 생각해 약 1,000킬로미터 떨어진 후쿠오카로 거처를 옮겼습니다.

사실 그동안 우리 가정에는 어려움이 하나 있었습니다. 아내의 우울증이었습니다. 아내는 이미 도쿄에서 입원해야 했을 정도로 우울증이 깊었습니다. 그러던 중에 이사로 인한 환경 변화가 아내에게 좋지 않은 영향을 끼쳤습니다. 우울증 증세가 악화되어 5개월간 후쿠오카 대학병원에 입원해야 했습니다.

처음 진찰했을 때 의사는 아내를 폐쇄 병동에 입원시켰습니다. 병실비도 없고 면회도 쉽지 않은 곳이었습니다. 집으로 돌아오는 길에 눈물이 쏟아졌습니다. '이것이 지금껏 일본 선교를 위해 애써 온 노력의 결과인가?' 하는 생각이 들었습니다. 그래도 하나님을 원망하지는 않았습니다. 하나님의 은혜로 아내는 곧 일반 병동으로 옮겨졌고, 의사와 간호사들의 세심한 보살핌으로 곧 회복해 집으로 돌아올 수 있었습니다. 그때 깨달은 것이 있습니다. 선교사의 아내는 선교의 최전선입니다. 최전선을 잘 지켜야 합니다. 이 사실을 후배 선교사들에게 꼭 당부하고 싶습니다.

후쿠오카로 온 뒤, 재일대한기독교단 후쿠오카교회에서 소식을 들었는지 설교를 부탁받아 약 1년간 섬겼습니다. 큰 교회였는데 담임목사가 없어서 새로운 담임목사가 부임할 때까지 설교를 맡았습니다. 그 후 니고데모선교회를 개척했습니다.

당시 일본 목사들로부터 "후쿠오카 온누리교회를 세우러 왔습니까?"라는 경계 섞인 질문을 받기도 했습니다. 러브소나타를 후쿠오카에서 했는데, 이곳에 온누리교회를 세우면 우리를 부정적으로 보지 않겠습니까? 그래서 교회 이름을 따로 붙이지 않고 '니고데모선교회'라고 했습니다. 온누리교회를 은퇴했으니 모든 것을 홀로 감당해야 했습니다. 인적 자원도, 재정 지원도 전무한 가운데 외롭게 광야 교회를 세웠습니다.

자비량 선교사로 니고데모선교회를 섬긴 지 10년이 되었습니다. 지금은 한 영혼의 구원에 초점을 맞추어 목회하고 있습니다. 작은 무리가 모여 예배를 드리지만, 그 한 영혼, 영혼들을 구원의 길로 인도하는 통로가 되기를 소망합니다. 때로는 나를 힘들게 하는 성도도 있습니다. 그러나 내가 구원의 통로가 되려면 당연히 짓밟힐 수도 있는 것 아닌가 하는 생각으로 섬깁니다. 내가 짓밟혀야 그의 영혼이 구원의 길로 갈 수 있다면 그렇게 해야 한다고 생각합니다. 많이 짓밟혀 봤습니다. 선교하려면 '맷집'이 있어야 합니다. 같이 대항해 싸울 수는 없는 노릇입니다. 그러니 상처를 받아도 견뎌야 하고, 짓밟혀도 또 일어나야 합니다. 맷집을 키워야 합니다. 믿음의 내공을 키워야 합니다.

내 아내는 성격이 세심하다 보니 맷집이 약해 우울증에 시달리게 된 것 같습니다. 나아졌다가도 또 짓밟히는 일이 생기면 다시 우울증이 도지곤 했습니다. 거의 15년을 반복하다가 5년 전부터는 아예 침상 생활을 하게 되었습니다. 집에서 아내를 간병해 왔는데, 간병 피로가 극심해져 결국 내가 병을 얻었습니다. 얼마 전 평생 처음으로 입원했는데, 심부전 진단을 받고 수술까지 했습니다. 그전까지 건강을 지켜 주신 하나님께 감사드렸습니다. 심장병이 생긴 것도 하나님이 주신 선물이라 생각하며 감사했습니다. 그 후 급속히 좋아져서 지금은 예전과 같은 건강을 회복했습니다.

문제는 아내였습니다. 더는 집에서 지낼 수 없게 되어서 요양등급을 받아 후쿠오카의 아담한 요양원에 입원했습니다. 지금은 일주일에 네 차례 정도 면회를 가서 이것저것 잠깐 돌봐 주고 돌아오곤 합니다. 지금 나는 독거노인 선교사가 되었습니다. 아내를 요양원에 보낼 때는 너무 슬펐지만, 이렇게 해야 둘 다 살 수 있다고 스스로를 다독였습니다. 요양원에서 섬기는 분들이 친절하게 잘 돌봐 주셔서 항상 감사하고 있습니다.

대부분 일본인은 착하고 예의 바릅니다. 질서를 잘 지키고 배려심이 있으며 친절합니다. 책임감도 있습니다. 친해지면 정도 있고, 정의감도 큽니다. 세상에 이러한 백성이 어디에 있을까 할 정도로 순하고 착합니다. 일본 사회에는 시위운동이 거의 없습니다. 시위를 한다고 해도 차도를 방해하지 않고 조용히 깃발 몇 개 들고 경찰의 보호를 받으며 합니다. 2025년에 들어와 쌀값이 1년 전보다 두 배로 뛰었고 마켓에서 쌀 재고도 부족해 난리가 났는데, 일본인들은 속으로는 분노하면서도 집회나 시위는 하지 않습니다. 아마 다른 나라 같으면 무슨 일이든 일어났을 것입니다. 이렇게 착한 사람들인데, 종교에 관한 이야기를 하면 얼른 경계하며 마음을 닫고 피합니다. 그래도 요즘에는 K-팝, K-드라마, K-음식까지 유명해져서 한국에 대해 호의적이고, 한국어를 배우고자 하는 사람들도 많이 늘었습니다. 덕분에 마을 공민관 같은 곳에서 한국어 강좌를 개설해서 전도의 기회로 삼고 있습니다.

최근 한 일본인 지인이 교회를 옮기게 되어 수개월 지나 저에게 상담을 요청한 일이 있었습니다. 내용인즉, 십일조 헌금을 드려야 하는데 새로 간 교회에서 받지 않는다는 것이었습니다. 왜인가 물어보니 교회 측에서 "당신은 아직 우리 교회 정회원이 아니기 때문에 십일조를 받을 수 없습니다"라고 했답니다. 지인은 이런 상황이 곤란했는지 내게 어떻게 하면 좋겠느냐고 물어왔습니다. 내가 이렇게 제안했습니다.

"십일조 헌금을 모아 두었다가 교회 정식 회원이 될 때 드리시지요. 그것도 마음이 편치 않으면 하나님께 기도해 보고 마음 가는 곳에 헌금하는 것도 괜찮지 않겠습니까?"

그때 그와 이야기를 나누며 일본 사람의 순수한 신앙에 깊이 감동했던 기억이 납니다.

얼마 후 그 지인에게서 다시 연락이 왔습니다. 당분간 우리 니고데모선교회로 십일조 헌금을 하겠다고 했습니다. 적은 금액이 아니었습니다. 상담하면서 두 번째 해준 제안이 생각나 아차 싶었습니다. 행여나 그가 새롭게 출석하게 된 교회에 폐를 끼친 것은 아닐까 하는 생각도 들었습니다. 그러나 이 모든 과정이 하나님의 간섭하심이라 생각하며, 그의 가정과 일터를 위해 마음을 다해 축복기도하고 있습니다.

큐티의 생활화가 불러온 믿음

이제는 나도 나이가 많이 들었습니다. 이제 내가 무엇을 더 할 수 있을까 하는 생각도 듭니다. 그럴 때면 요엘서 2장을 묵상합니다.

"그 후에 내가 내 영을 만민에게 부어 주리니 너희 자녀들이 장래 일을 말할 것이며 너희 늙은이는 꿈을 꾸며 너희 젊은이는 이상을 볼 것이며"(욜 2:28).

나 같은 늙은이가 꿈을 꾼다고 합니다. 내가 이룰 수 있을지, 내 다음 세대의 누군가가 이룰 수 있을지는 알 수 없지만, 나는 꿈을 꿉니다. 일본에 무목 교회(목사가 없는 교회)가 약 1,000여 개나 됩니다. 그 무목 교회에 한국의 선교사들이 세워지기를 기도합니다.

물론 쉬운 일은 아닙니다. 절차가 필요합니다. 아무리 무목 교회라도 각각의 교단에 속해 있습니다. 그래서 일본 각 교단들과 우리나라 교단 혹은 교회와 협력관계가 이루어져야 합니다. 그러려면 일본 교단 목사님들과 한국 여러 교단과 교회가 서로 왕래하며 친분과 신뢰감을 쌓아야 합니다. 그뿐만이 아닙니다. 한국 교회에서 일본으로 갈 선교사들을 세워야 하고, 그들을 양육하고 훈련해야 합니다. 그들이 일본 무목 교회 성도들에게 주어야 할 '무엇'이 있어야 합니다. 예배와 설교는 당연한 것이고, 그 외에 그들을 새롭게 변화시킬 수 있는 제자 훈련, 큐티 같은 것들이 필요합니다.

내 경험으로는 큐티의 생활화가 성도를 믿음으로 인도하는 가장 좋은 방법이었습니다. 동경온누리교회를 목회하면서 큐티의 생활화를 뿌리내리게 했는데, 지금 생각해도 하나님의 지혜였고 이끄심이었다고 생각합니다. 내가 그곳을 떠난 지 10년이 넘은 지금까지도 그곳 성도들이 계속해서 큐티를 서로 나누고 있다는 소식을 듣습니다. 더불어 말씀을 깨닫고 성품과 인격의 변화를 경험하고 있다는 이야기를 들으면 하나님께 감사하게 됩니다.

그래서 다음 장에서는 큐티에 대해 조금 더 자세히 소개해 보고자 합니다. 일본 선교는 물론 한국의 목회자와 성도들에게 조금이나마 도움이 되기를 소망합니다.

2부

큐티를 만나다

3장

말씀은 인생 사용 설명서입니다

말씀을 알아야 길이 보인다

큐티는 '조용한 시간(Quiet Time)'의 약자이며, 정해진 장소에서 하나님의 말씀을 읽고 묵상하여 그 깨달음을 삶에 적용하는 것입니다.

큐티가 말씀을 통해 하나님을 경험하는 것이라고 생각한다면, 최초의 큐티는 에덴동산에서부터 시작된 것이 아닐까 생각합니다. 창세기를 보면 하나님이 에덴동산을 만드시고 매일 서늘한 바람이 불 때 아담에게 찾아와 함께 교제를 나누셨습니다. 하나님이 인간의 시간과 공간으로 일부러 찾아오신 것입니다. 아마도 그 시간 하나님과 아담 사이에는 따뜻하고 아름다운 나눔이 있었을 것입니다.

지금은 하나님의 말씀이 매일 우리를 찾아옵니다. 그 말씀을 통해 하나님과 깊이 교제를 나눕니다. 말씀을 통해 매일 하나님의 숨결을 느낄 수 있습니다. 우선 우리가 조용히 말씀에 귀를 기울여야 하고, 말씀에 집중해야 합니다.

언젠가 들었던 이야기가 하나 있습니다. 미국 캘리포니아 벤투라라는 작은 마을에 어느 가정이 이사를 왔습니다. 그들에게는 자녀가 둘 있었습니다. 위로는 딸 게일, 아래로는 아들 다니엘이었습니다. 그런데 이 아이들은 모두 시각장애인이었습니다. 낯선 곳에 이사 왔기에 어머니는 무엇보다도 먼저 아이들에게 길을 가르쳐 주어야 했습니다. 그래서 매일 아침 두 아이를 데리고 함께 학교에 가면서 길을 일일이 설명해 주었습니다. "여기는 길이 오른쪽으로 굽어 있단다.""여기에서는 길이 두 개로 나뉘는데 왼쪽은 차가 다니니까 조심해야 해.""왼쪽으로 가다가 여기서 다시 오른쪽으로 가야 해.""왼쪽에는 철조망이 있으니까 조심하렴."

그렇게 한 달이 지났습니다. 이제는 어머니 없이도 아이들끼리 학교까지 넉넉히 갈 수 있을 정도가 되었습니다. 그런데 사실 아들 다니엘은 시각장애인이지만 조금은 볼 수 있었습니다. 그러다 보니 그는 어머니의 가르침을 소홀히 여기고 먼저 앞서 길을 가곤 했습니다. 그러나 딸 게일은 한 치 앞도 보이지 않았기 때문에 어머니의 가르침을 마음 깊이 새겨 한 걸음 한 걸음을 신중히 옮겼습니다.

하루는 안개가 마을 전부를 덮었습니다. 그동안 조금 볼 수 있는 시력으로 자신만만하게 앞서 걷던 다니엘은 짙은 안개 속에서 조금도 앞으로 나아갈 수가 없었습니다. 그는 벽에 부딪치기도 하고, 넘어지기도 했습니다. 그러나 게일에게 안개는 문제가 되지 않았습니다. 짙은 안개가 덮여 있었지만, 게일에게는 길이 활짝 열려 있었습니다. 그의 마음에는 어머니의 가르침이 생생했기 때문입니다.

많은 사람이 다니엘처럼 앞이 조금 보인다고 엉뚱한 자신감을 갖고 길을 앞서 갑니다. 하나님 말씀에 귀를 기울이지 않고 행동합니다. 하나님 말씀을 경시하고 업신여깁니다. 그러나 그렇게 지내다가 무슨 일이 일어납니까? 돌연 폭풍이 몰아칩니다. 인생에 짙은 안개가 덮입니다. 그러면 어디로 가야 할지도 모르고 어찌해야 할지도 몰라 이리 저리 넘어집니다. 그러므로 우리는 하나님을 인정하고 그분의 말씀을 매일 읽고 묵상해야 합니다. 게일이 어머니의 가르침을 매일 떠올리며 걸음을 걸었던 것처럼, 우리는 하나님의 말씀을 마음에 새기며 인생길을 걸어가야 합니다. 그럴 때 안개가 게일의 앞을 막을 수 없었던 것처럼 우리도 절대 헤매거나 방황하지 않습니다.

모든 만들어진 물건에는 사용 설명서가 붙어 있습니다. 그 설명서대로 사용하면 고장도 없고 실수도 없습니다. 얼마 전 전기제품 매장에서 로봇청소기를 싸게 팔기에 구입해 설명서를 읽어 보았습니다. 내가 꼼꼼히 못 읽었는지, 아니면 읽었지만 이해를 잘못했는지 물걸레 청소 장치 사용법을 몰라 그 부분을 쓰지 못하고 있습니다. 그런 생각이 들었습니다. 우리 인간도 하나님에 의해 만들어진 존재가 아닙니까? 그러니까 우리에게도 인생을 살아가는 데 꼭 필요한 사용 설명서가 있는데, 그것이 바로 성경입니다. 하나님 말씀인 성경 말씀대로 살면 우리 인생이 복된 삶이 되고, 평안과 행복이 있습니다. 그 사용 설명서대로 실수 없이 살아가기 위해 우리는 매일 큐티를 해야 하는 것입니다.

'인생 사용 설명서'를 이해하기 위해 한 가지 예를 들어 소개해 보겠습니다. 창세기 24장을 보면, 아브라함의 늙은 종이 등장합니다.

그는 자기 주인의 아들, 이삭의 아내가 될 사람을 찾으라는 분부를 받고 길을 떠납니다. 여러 가지 물건을 실은 낙타 열 필도 끌고 갑니다. 드디어 주인의 고향 메소보다미아 나홀 성의 한 우물가에 이르렀습니다. 시간상으로 여인들이 물을 길러 나오는 저녁때였습니다. 마침 리브가라는 처녀가 물을 길러 왔는데, 보기에 아리땁고 좋았습니다. 그 이후에 어떤 일이 벌어졌을까요? 창세기 24장 17절 이하에 보면 이렇게 기록하고 있습니다.

"종이 마주 달려가서 이르되 청하건대 네 물동이의 물을 내게 조금 마시게 하라 그가 이르되 내 주여 마시소서 하며 급히 그 물동이를 손에 내려 마시게 하고 마시게 하기를 다하고 이르되 당신의 낙타를 위하여서도 물을 길어 그것들도 배불리 마시게 하리이다 하고 급히 물동이의 물을 구유에 붓고 다시 길으려고 우물로 달려가서 모든 낙타를 위하여 긷는지라"(창 24:17-20).

결국, 종이 만난 여인 리브가가 이삭의 아내감으로 선택됩니다.

우리는 이 말씀을 읽으면서 '아! 그런 일이 있었구나'라고만 생각하고 성경책을 덮으면 안 됩니다. 그것은 큐티가 아닙니다. 큐티를 하려면 묵상과 적용이 따라야 합니다. 생각해 봅시다. 리브가로서는 낯선 늙은이야 그렇다 치지만, 추가로 열 필 낙타에게 물을 배부르게 먹인다는 것이 얼마나 중노동이겠습니까? 요즘처럼 수도꼭지를 틀면 물이 콸콸 나오던 때도 아니고, 우물물을 길어야 하니 말입니다.

거기다 부탁받은 일도 아니지 않습니까? 이것은 하나님의 이끄심이었습니다. 이 사건으로 늙은 종은 리브가를 '내 기도대로 하나님이 예비해 주신 여인'이라고 생각하여 이삭의 아내로 결정했습니다.

우리가 사회에 나가 직장에서 일할 때, 내가 받는 월급만큼만 일한다고 하면 그것은 사람 앞에서 일하는 것이 됩니다. 그러나 받는 월급에 상관없이 최선을 다하면 하나님 앞에서 일하는 것이 됩니다. 오늘 말씀과 같이 부탁받은 일에 최선을 다할 뿐만 아니라, 힘든 일이지만 거기에 하나, 둘 더 정성을 들여 추가로 일한다면 더 많은 기회의 문이 열릴 것입니다. 이것이 리브가의 행동에서 배우는 것입니다. 리브가와 같은 사람은 어니에서 무엇을 하든 성공하게 되어 있습니다. 칭찬받게 되어 있습니다. 그리고 이런 사람이야말로 하나님의 사람입니다. 이것이 하나님이 우리에게 보여 주신 '인생 사용 설명서'입니다.

인생 곳곳에서 발견되는 리브가의 원리

어떤 어린이가 설교를 들었는데, 목사님이 로마서 12장 14절, "너희를 박해하는 자를 축복하라 축복하고 저주하지 말라"는 말씀을 전했습니다. 아이는 반에서 이유 없이 자기를 괴롭히는 골치 아픈 친구가 있었는데, 들은 말씀대로 그를 열심히 축복했습니다. 며칠이 지난 어느 날, 그 아이가 와서 "그동안 미안했다"고 사과하더랍니다. 이런 것이 바로 '인생 사용 설명서'대로 사는 것 아니겠습니까?

1997년 우리나라는 IMF 외환위기를 맞아서 수많은 회사가 부도가 나고 직원들이 해고되는 일이 있었습니다. 그때 서울역에 노숙자가 참 많았습니다. 해고당한 어느 청년이 출근할 곳이 없으니까 매일 교회에 와서 커피숍을 열심히 청소하곤 했습니다. 물론 자원봉사로 한 일이었습니다. 그 모습을 지켜보던 사람들은 대부분 '한 일주일 정도 하다가 말겠지' 하고 생각했는데, 그 청년은 3개월간 그만두지 않고 매일 나와서 성실하게 청소했습니다. 그런데 그를 유심히 지켜보던 한 집사님이 있었습니다. 그 집사님은 회사를 운영하고 있었는데, 하루는 커피숍을 청소하고 있는 청년을 불러 한 가지 제안을 했습니다.

"자네 우리 회사에 와서 일해 보지 않겠나?"

집사님이 운영하던 회사는 청년이 전에 다니던 곳보다 훨씬 규모도 크고 유망한 곳이었습니다. 결국 청년은 새로운 회사에 채용되어 전보다 형편이 더 낫게 되었습니다. 나는 이것을 '리브가의 원리'라고 부릅니다.

마태복음 20장에는 포도원 주인과 일꾼들의 이야기가 나옵니다. 포도원 주인은 아침부터 저녁까지 여러 차례 장터에 나가 서성거리고 있는 일꾼들을 불러들여 포도원에서 일하게 합니다. 그리고 품삯을 줄 때 먼저 온 일꾼이나 나중에 온 일꾼이나 모두 똑같이 하루 품삯인 한 데나리온씩을 지급합니다. 그러자 아침에 온 일꾼이 따져 묻습니다.

"나중 온 사람은 한 시간만 일했거늘, 어찌 아침부터 온종일 수고와 더위를 이긴 우리와 똑같은 품삯을 주는 겁니까?"

그러자 주인이 말합니다.

"네가 나와 한 데나리온 받기로 약속하지 않았느냐."

그렇습니다. 사실 그들이 받은 품삯은 이미 계약대로 정해진 금액이었던 것입니다.

만약 아침에 온 일꾼이 나중에 온 일꾼도 자기와 같은 품삯을 받은 것을 알고 "참 잘됐소. 하루 종일 일이 없어 얼마나 애가 탔소? 그래도 하루 품삯을 다 받아서 가족들이 먹을 수 있게 됐으니 참 다행이오. 우리 주인은 너그럽고 배려심이 깊은 분이오. 내일도 여기 와서 함께 일합시다"라고 말했다면 어땠을까요? 주인이 듣고 감동하지 않았겠습니까? 만약 내가 주인이라면 이렇게 말한 그 일꾼을 더 크게 쓰고 싶을 것 같습니다.

세상 살다 보면 억울한 상황을 종종 만납니다. 그런데 이런 억울한 상황이 의외로 내게 기회를 주기도 합니다. 내가 늘 큐티하며 말씀을 마음에 새기면서 오늘을 산다면 이런 억울한 일이 생겼을 때를 항상 대비하게 되지 않겠습니까? 내 억울한 감정을 앞세우고 싶다가도 '아, 성경에서 말씀하신 것처럼 모든 것을 하나님께 맡겨야겠다' 마음을 다잡지 않겠습니까? 그때를 항상 대비하고 놀라운 기회를 잡게 되기를 바랍니다.

말씀을 묵상하면 마음이 변하고, 마음이 변하면 생각이 변하고, 생각이 변하면 언어가 달라집니다. 언어와 함께 행동이 변합니다. 언어와 행동이 변하면 인격이 아름답게 변합니다. 언어와 행동과 인격이 변하면 내 주위 환경이 변합니다. 그러면 무엇을 하든지 형통의 길로 인도받습니다.

큐티를 통해 깨닫는 하나님의 뜻

매일 큐티를 통해 말씀을 묵상하면 하나님의 뜻, 하나님의 속성 및 숨겨진 비밀들을 깨닫게 됩니다. 따라서 큐티를 반복해서 해나가다 보면 영적인 통찰력과 분별력이 생기며, 하늘의 지혜를 공급받게 됩니다.

우리가 말씀에 충격을 받을 때가 있습니다. 그럴 때 우리의 신앙에 변화가 생깁니다. 깊이 깨달으면 깨달을수록 바른 믿음을 갖게 되어 우리 인생도 변하기 시작합니다. 이렇게 되면 세상의 흐름에 따라 육체의 소욕으로 살아왔던 사람이 변하여 성령의 소욕으로 살아가려 몸부림치게 됩니다. 이것이 큐티의 가장 중요한 목적입니다. 우리 삶을 보면, 마음속에서 언제나 육체의 소욕과 성령의 소욕이 서로 대립하며 싸웁니다. 어떤 소욕을 따르느냐에 따라 우리의 믿음이 결정됩니다.

"육체의 소욕은 성령을 거스르고 성령은 육체를 거스르나니 이 둘이 서로 대적함으로 너희가 원하는 것을 하지 못하게 하려 함이니라"(갈 5:17).

이 말씀을 적용해야 할 일은 아주 작은 일에서부터 큰 일에 이르기까지 매사에 발생합니다.

도쿄에서 사역하던 어느 날, 아내와 함께 양식당에 갔습니다. 스테이크를 같이 주문하고 사이드로 나는 밥, 아내는 빵을 선택했습니다. 그런데 조금 후에 아주 아쉬운 사실을 알게 됐습니다. 밥은 한 번 주문하면 더는 제공되지 않았지만, 빵을 주문하면 뷔페식으로 조그맣고 다양한 빵들을 계속 가져다 먹을 수 있었던 것입니다. 아내는 밥을 주문하고 아쉬워하는 내게 빵이 맛있다면서 몇 개 먹어 보라고 권했습니다. 나도 어차피 같은 테이블에서 주문한 것이니 한두 개 먹어 볼까 했습니다. 그러나 원칙대로라면 그것은 규정 위반이었습니다. 사소하여 대수롭지 않게 넘어갈 수 있지만, 이럴 때에도 마음속에서 육체의 소욕과 성령의 소욕이 대립합니다. 그때 나는 빵에 손을 안 댔습니다. 남들은 그런 내게 미련하다고 할지 모르겠지만, 그날 식당을 나서며 기분이 흘가분하고 좋았습니다. 지금은 그 식당 규정이 밥을 시킨 사람도 빵을 먹을 수 있게 바뀌었다고 합니다.

비슷한 예가 또 있습니다. 한번은 아내와 함께 후쿠오카 텐진에 있는 한 식당에 갔습니다. 아내는 함박스테이크를, 나는 오므라이스를 주문했습니다. 그런데 이번에도 함박스테이크에만 커피가 함께 제공된다는 사실을 나중에 알았습니다. 게다가 리필까지 된다는 것입니다. 아내가 커피 한 모금 마시라고 권했습니다. 사실 크게 문제될 일은 없었습니다. 그렇지만 그것이 리필이 안 되면 마실 수 있는데 리필이 되니까 마실 수 없었습니다. 그때도 육체의 소욕에 지기 싫어 참았습니다. 성령님은 정직을 원하십니다.

신앙생활 중 일부 성도들은 개인 예언을 좋아하기도 합니다. 은사가 있는 권사님에게 기도를 부탁하고, 대학 진학과 같은 일을 예언으로 받으면 감사헌금을 드리곤 합니다. 그러나 이것은 신비주의이며,

육체의 소욕입니다. 말씀 중심이 성령의 소욕입니다. 하나님께 기도하면서 공부를 열심히 하고 성적에 맞는 대학을 선택하는 것이 성령의 소욕입니다. 공부도 별로 안 하고 합격시켜 달라고만 기도하는 것은 속임수와 같습니다. 세상 사람들은 성령의 소욕으로 사는 사람을 바보 취급할지 모르지만, 하나님은 그에게 지혜롭다고 하십니다.

어느 대기업에서 연구원 다섯 명에게 전자 기술에 관한 테마를 주고 연구하도록 했습니다. 그리고 몇 개월 후, 그들은 회사 중역들 앞에서 프레젠테이션을 하게 되었습니다. 그런데 문제가 있었습니다. 그들은 모두 성과는커녕 연구에 실패한 상태였습니다. 그러나 회사 중역들 앞에서 '저는 연구에 실패했습니다'라고 말하는 것이 두려웠습니다. 그래서 '현재 열심히 연구 중이지만 시간이 조금 더 필요하다. 곧 좋은 결과를 보여드릴 테니 조금만 더 기다려 달라'고 발표했습니다. 네 명의 연구원이 비슷하게 발표하고 마지막 다섯 번째 연구원의 발표만 남았습니다. 그는 고민이 되었습니다. 앞선 사람들의 발표처럼 나도 적당히 이야기하고 넘어갈까 생각했지만, 그건 정직하지 않은 일이었습니다. 그는 크리스천이었습니다. 육체의 소욕과 성령의 소욕이 대립했습니다. 그는 자기에게 불이익이 오더라도 성령의 소욕을 선택하기로 마음먹었습니다. 회사 중역들 앞에 서서 그는 정직하게 고백했습니다.

"저는 이번 연구에서 결과를 내지 못했습니다. 연구에 실패했습니다. 죄송합니다."

결국 다섯 연구원 중 앞에 발표한 네 명은 연봉이 올랐지만, 마지막 다섯 번째 연구원은 제자리에 머물게 되었습니다. 성령의 소욕을 따라 정직했던 그는 손해를 보게 되었습니다.

그러나 하나님은 그 사실을 기억하셨습니다. 그가 연구에 실패했다는 소식이 선배들의 귀에 들어가게 되었고, 선배들이 그를 찾아와 함께 힘을 실어 주고 아이디어를 주어서 연구에 박차를 가하게 되었습니다. 반면에 거짓으로 발표한 네 명 연구원은 계속해서 자기들의 연구 결과를 감추고 숨기느라 정신이 없었습니다. 시간이 지나고 마침내 다섯 번째 연구원이 해당 테마를 성공시켰습니다. 회사 상무가 그에게 "네 정직이 이겼다"라고 말해 주었다고 합니다. 코앞만 보면 다섯 번째 연구원이 손해를 본 것 같지만, 하나님은 그의 정직을 기억하셨습니다.

"그는 정직한 자를 위하여 완전한 지혜를 예비하시며 행실이 온전한 자에게 방패가 되시나니"(잠 2:7).

좁은 길 원리

하나님의 자녀답게 살아야겠다는 마음이 내게 여러 가지로 도전을 주기도 합니다. 내가 일본 선교사로 오기 전에 언젠가 은퇴하고 노년이 되어 고향으로 돌아오면 살아야 할 집이 필요할 것이라 생각해, 가진 것을 조금 모아 빌라 한 채를 구입했습니다. 그러다가 그곳이 재개발이 되었고, 수년 후 반듯하고 아담한 국민평형 아파트를 분양받았습니다. 그런데 아직 입주하여 살기는 은퇴 전이어서 월세를 놓았습니다. 받는 월세는 장차 노후 생활용으로 저축했습니다. 그런데 매년 부동산 가격이 오르며 전월세도 많이 올랐습니다. 이때 내가 생각을 많이 했습니다. '나는 하나님 아버지의 자녀인데, 어떻게 해야 할까?' 고민하던 중에 이 말씀을 묵상하게 되었습니다.

"좁은 문으로 들어가라 멸망으로 인도하는 문은 크고 그 길이 넓어 그리로 들어가는 자가 많고 생명으로 인도하는 문은 좁고 길이 협착하여 찾는 자가 적음이라"(마 7:13-14).

고민이 되었습니다. '좁은 길, 좁은 문 그리고 넓은 길, 넓은 문은 무엇일까?' 그동안 '좁은 길로 가라'는 설교는 많이 들었지만, 무엇이 좁은 길이고 넓은 길인지 설명해 주는 설교는 듣지 못했습니다. 그냥 좁은 길로 가라는 말씀만 들었으니 마음이 시원하게 뻥 뚫리지 않았습니다.

내 나름대로 묵상하고 결론을 내렸습니다. 많은 사람이 세상의 조류와 풍조에 따라 미친 듯이 달려가지 않습니까? "이곳 부동산 전망이 좋다." "이 금융 상품에 투자하면 대박 난다." "의과대학에 가려면 이 정도 사교육은 기본이다." "앞으로는 이런 직업이 유망하다." 이렇게 세상 사람들의 유행과 흘러가는 풍조에 편승하는 길이 '넓은 길' 아닐까요? 그리고 이러한 조류에 역행해서 위로 오르는 길이 '좁은 길' 아니겠습니까? 계속해서 부동산 가격이 오르니까 세입자에게 월세를 더 내라고 압박하는 모습이 넓은 길로 가는 것이라는 생각이 들었습니다. 나는 좁은 길을 택하자고 마음을 먹었습니다. 지금 세입자가 입주한 지 10년이 넘었는데, 최초 입주할 때 계약한 월세를 인상하지 않고 지금까지 받고 있습니다. 세입자가 젊은 부부였는데, 주거가 안정되니까 아이도 낳고 편안히 지내는 것 같아 저도 기쁩니다. 애국하는 것 같기도 합니다. 금전적으로 큰 손해를 입었을지 모르지만, 이렇게 하는 것이 하나님의 자녀의 모습이 아닐까 생각해 봅니다. 나는 그 세입자 가정을 많이 축복하고 있습니다.

세상 사람들이 볼 때는 좁은 길로 가는 사람이 바보처럼 보일 수도 있습니다. 그러나 나는 조금 바보처럼 사는 것, 조금 손해 보고 사는 것이 성경적이요, 좁은 길로 가는 것이라고 생각합니다. 좁은 길은 입구가 좁고 얼마간 험하지만, 계속 가다 보면 점점 길이 넓어지고 평탄해집니다. 그리고 그 끝은 천국에 이르게 됩니다. 반면 넓은 길은 입구만 넓습니다. 보이는 곳만 넓고 평탄할 뿐, 더 깊이 들어가 보면 협착해지고 험해집니다. 그 끝은 멸망입니다.

가끔 보면 예수를 믿지 않는데도 좁은 길로 가는 사람들이 있습니다. 일본인 변호사 니시나카 쓰토무(西中務)의 책에서 읽었습니다. 오사카에 '도가와(十川)고무'라는 회사가 있습니다. 일본에서 고무호스 분야에 잘 알려진 회사입니다. 이 회사의 창립자인 도가와 씨는 청년 시절 고무 제품을 판매하는 조그마한 가게에서 일했습니다. 아침 일찍부터 밤늦게까지 열심히 일하는 호감 가는 청년이어서 사장과 단골손님들에게 신뢰를 받았습니다. 월급은 적었지만 장래를 위해 저금도 부지런히 하였습니다. 그런데 어느 날 이 가게가 도산했습니다. 사장이 술을 너무 좋아한 것이 원인이었습니다. 채권자들이 몰려들어 가게 물건들을 가재도구까지 싹 압류했습니다. 이런 가운데 종업원들은 가게를 떠나게 되었습니다. 그런데 도가와 씨는 떠나지 않았습니다. 그는 근면하고 신용이 있었기에 몇 곳에서 고액 급료를 제시하며 스카우트 제의도 했지만, 모두 거절했습니다. 그는 돈을 따라 내 앞길을 정하지 않겠다고 생각하며, 그동안 자신을 돌봐준 주인을 떠날 수 없다고 마음먹었습니다.

그 후 주인의 압류된 가재도구를 경매하는 날, 도가와 씨는 그동안 저축해 온 돈을 전부 써서 구입하여 주인에게 돌려주었습니다. 그리고 그는 독립했습니다. 그동안 도가와 씨를 봐 왔던 사람들이 그의 인품에 감동하여 곳곳에서 그에게 투자해 주었고, 그의 회사는 성장해 갔습니다. 그리고 그는 과거 일했던 그 고무제품 판매 회사의 사장을 공장장으로 영입했습니다. 나중에 공장장이 죽은 후에는 그의 가족들도 돌봐 주었습니다. 주변 사람들이 왜 그렇게까지 하느냐고 묻자, 그는 "그 주인에게 과거 은혜를 입었습니다. 일에 대해서 많이 가르쳐 주었고, 이 길을 가는 데 도움을 주신 분입니다"라고 설명했습니다. 도가와 씨가 크리스천인지 아닌지는 모르겠지만, 이런 삶의 자세야말로 좁은 길로 가는 것 아닌가라고 생각했습니다.

매일 푸르른 새싹처럼 살기 위해

그동안 30년 이상 큐티를 해왔습니다. 열심히 할 때도 있었고, 느슨해질 때도 있었습니다. 정말 힘들 때는 잠깐씩 쉬기도 했습니다.

하용조 목사님의 설교도 내가 변화하도록 도전을 주지만, 개인적으로 말씀을 묵상하고 삶에 적용하여 실천하면서 '내가 정말 크리스천이 되었구나', '하나님의 자녀가 되었구나' 하는 놀라운 신분의 변화를 경험합니다.

말씀을 대하다 보면 지식으로 남는 말씀도 있고, 영적으로 깨닫게 해 주는 말씀이 참 많습니다. 말씀을 통해서 영적인 우물을 파기도 하고, 생수를 끌어올리기도 합니다. 그런데 어느 때는 나와 상관없어 보이는 말씀도 있습니다.

"도둑질하는 자는 다시 도둑질하지 말고 돌이켜 기난한 자에게 구제할 수 있도록 자기 손으로 수고하여 선한 일을 하라"(엡 4:28).

나는 한 번도 물건을 훔친 일이 없습니다. 사업할 때나 사역할 때, 회계 보고도 정직하게 했습니다. 특히 사업할 때는 빌린 돈의 이자와 원금을 하루도 늦지 않게 상환했습니다. 이런 자부심이 있었는데, 성령께서 무언가를 지적하셨습니다. 세 가지였습니다. 첫째, 내가 누구와 만나서 이야기하는 가운데 상대방을 혹시 기분이 상했다면 나는 그 사람의 좋은 감정을 도적질한 것이니 '감정의 도둑놈'이라는 것입니다. 둘째, 누군가를 만날 때 약속 시간에 단 5분이라도 늦으면 남의 귀한 시간을 뺏은 '시간의 도둑놈'이라는 것입니다. 셋째, 나는 '기도제목의 도둑놈'이라는 것입니다. 이것은 설명이 좀 필요합니다.

때때로 고민이 생기거나 걱정거리가 있을 때 하나님께 도와 달라고 간절히 기도하면 평안이 옵니다. 하나님께 맡겼으니 평안이 오는 것이 당연합니다. 그런데 그 이튿날이 되면 똑같은 문제로 고민하고 걱정하는 나를 발견합니다. 그럴 때면 성령께서 "왜 기도제목을 내게 맡겼는데 다시 뺏어 가느냐. 그것은 기도제목의 도둑놈이 아니냐" 하고 탓하시는 것입니다. 결국 나는 아무것도 훔친 것이 없다고 자부했는데, 졸지에 감정의 도둑놈, 시간의 도둑놈, 기도제목의 도둑놈이 되었습니다. 이런 성령님의 지적에 나는 할 말이 없었습니다.

그 후 반드시 시간을 잘 지키게 되었고, 누구하고 대화하든 상대의 감정이 상하지 않도록 매우 조심하게 되었습니다. 기도제목은 지금도 조금 훔치고 있지는 않나 생각하지만, 그래도 하나님께 온전히 맡기려고 힘쓰고 있습니다. 그러면서 또 조금씩 변해 가는 것 같습니다. 오랫동안 큐티를 해왔는데 내게 변화도 열매도 없다면 그 세월이 아깝지 않겠습니까?

봄이 되면 나무에 작고 연한 연둣빛의 새싹이 돋아납니다. 여름이 되면 잎이 커지고 색깔도 점차 진한 녹색으로 물듭니다. 이것은 자아가 생기고 고집이 생긴 것이지요. 가을이 되면 녹색이 더욱 진해져서 어떤 것은 검게 보이기도 합니다. 그야말로 고집불통이고 자기주장이 너무 강해진 것입니다. 이렇게 되면 낙엽이 될 때가 가까워 온 것입니다. 이것이 늙어 가는 인생의 모습 같습니다.

"그런즉 누구든지 그리스도 안에 있으면 새로운 피조물이라 이전 것은 지나갔으니 보라 새 것이 되었도다"(고후 5:17).

나는 매일 아침 이 말씀을 선포합니다. 그러면서 봄에 돋아난 예쁜 새싹, 귀여운 작은 잎사귀를 생각하며 오늘도 내 몸 안의 세포들까지 새로워지는 것을 상상합니다. 어린아이들을 보면 정말 새로운 피조물로 느껴집니다. 순수하고 정직하고 예쁘지요. 그래서 예수님이 어린아이들을 보시고 "어린 아이들과 같이 되지 아니하면 결단코 천국에 들어가지 못하리라"(마 18:3)라고 말씀하셨나 봅니다.

스스로를 점검해 봅시다. 지금 내 상황이 봄에 돋아난 새싹 같습니까, 아니면 여름 또는 가을의 잎사귀 모습입니까? 혹시 낙엽이 되어가고 있지는 않습니까? 우리는 말씀처럼 매일 새로 태어나는 피조물이 되어야 합니다. '인생 사용 설명서'대로 살아야 합니다. 말씀대로 믿어야 합니다. 말씀대로 행해야 합니다. 그래야 육체의 소욕에서 벗어나 성령의 소욕으로 살 수 있습니다.

어떻게 큐티하겠습니까

큐티가 얼마나 우리 삶에 중요한 것인지는 알았습니다. 그렇다면 구체적으로 이렇게 큐티를 히면 좋을까요? 이번 장에서는 큐티 이론을 공부해 보겠습니다.

나는 이른 아침 말씀 묵상을 위해 조용한 시간, 조용한 장소를 찾아갑니다. 일하기 전, 다른 생각이 고요한 마음에 들이닥치기 전에 항상 같은 장소에서 큐티를 합니다. 말씀 묵상은 내게 조용한 혁명으로 다가옵니다. 그날의 본문을 읽기 전에 먼저 찬양을 한 곡 조용히 부릅니다. 마음이 평안해지고 고요해지면 묵상을 위해 간단히 기도합니다. 기도할 때 영적인 통찰력과 분별력을 구합니다. 먼저 찬양과 기도가 없으면 성령님의 역사와 도우심을 기대하기 어렵습니다. 그리고 나서 그날의 본문을 천천히 읽기 시작합니다. 큐티는 Quick Time이 아니고 Quiet Time입니다.

<u>1. 본문 읽기</u>

본문을 천천히 1~2회 읽습니다. 하나님이 나에게만 주신 말씀이라고 생각하면 좋습니다. 마치 연인에게서 온 편지처럼 생각하며 읽어도 좋습니다. 내 마음을 만지는 말씀, 깨달아지는 말씀, 또 이해가 어려운 말씀에는 밑줄을 그어 놓습니다. 어떤 부분은 이해를 돕기 위해 그다음 페이지의 해설을 나중에 참고하면 좋습니다. 그리고 모르는 것은 모르는 것으로 그냥 놓고 넘어가세요. 마음에 와 닿는 말씀, 깨달아지는 말씀을 오늘 나에게 주신 말씀의 씨앗으로 받아들이세요. 이 말씀을 가지고 묵상에 들어갑니다.

<u>2. 묵상</u>

묵상에는 성령에 의한 묵상과 자신의 생각과 인격에 의한 묵상이 있습니다. 즉, '성령 큐티'와 '인격 큐티'로 나눌 수 있습니다. 묵상은 말씀 가운데 한 단어, 한 절, 한 단락, 본문 전체, 혹은 역사적 사건이 개입하면 며칠 분의 본문을 묵상할 수도 있습니다.

묵상할 때 나타날 수 있는 일들이 있습니다. 내가 순종하지 못한 것이 생각납니다. 잘못을 지적당하기도 합니다. 아주 오래전에 지은 죄와 허물 등이 완전히 잊혀진 줄 알았는데 생각나는 경우도 있습니다. 그런가하면 격려와 위로를 받기도 합니다. 마음의 깊은 평안이 찾아옵니다. 내가 가야 할 길을 인도받기도 합니다. 하나님의 섭리와 뜻을 깨닫습니다. 하나님의 은혜에 감격하여 눈물이 하염없이 흐를 때도 있습니다. 하나님의 약속이 깨달아지고, 또 새로운 약속을 받기도 합니다. 큐티를 통해 사람을 영적으로 분별하게 되는가 하면, 아이디어가 떠오르기도 합니다. 그 밖에도 여러 가지 유익이 묵상을 통해 주어집니다.

3. 적용과 실천

적용과 실천은 반드시 필요합니다. 우리가 음식을 먹으면 위에서 소화되고 각종 영양분이 몸에 전달되어 에너지가 생깁니다. 그 에너지를 통해 일하고 활동하며 움직입니다. 그러나 에너지가 생겼는데도 일하지 않고 움직이지 않으면 금방 비만이 됩니다. 이와 같이 영의 양식인 말씀을 읽고 묵상할 때 영의 영양분이 내 영혼에 전달됩니다. 그러면 영적 에너지가 생기고, 말씀을 삶에 적용하고 실천하게 됩니다. 그러나 영적 에너지가 충분한데도 적용과 실천이 전혀 없다면 영적 비만이 됩니다. 아이러니하게도 성경 공부를 많이 하는 교회일수록 영적 비만이 생기기 쉽습니다. 이들은 오히려 ‘나는 다 안다’라는 교만한 모습이 있어 항상 사람을 분석하고 판단하며 정죄하기도 합니다. 자신의 성경 지식을 자랑하기도 합니다. 이는 대단한 영적 비만이라고 할 수 있습니다.

여러분은 어떻습니까? 말씀을 묵상했다면 반드시 적용과 실천까지 나아가야 합니다. 그리고 적용은 타인을 향해서가 아니라 반드시 자신에게 해야 합니다. 어떤 이는 설교를 들으면서 “내 남편이 꼭 들어야 하는데” “그 집사님이 이 말씀을 듣고 좀 깨달아야 하는데”라고 말하기도 합니다. 그러나 말씀은 타인 말고 나에게 적용하길 바람니다.

적용에는 세 가지 원칙이 있습니다.

① 개인적(Personal) 적용

② 실제적 · 구체적(Practical) 적용

③ 가능한 것(Possible) 적용

이것을 3P의 원칙이라고 합니다. 적용할 때 꼭 이 원칙에 따라 해야 합니다. 보통 우리는 이웃을 사랑하라고 배웠습니다. 마음만으로 불쌍히 여기거나 사랑할 수 있습니다. 그러나 그런 마음가짐이 손과 발로까지 연결될 때 실천이 됩니다. 아무런 행동 없이 입술로만 사랑한다고 하면, 그것은 말씀을 제대로 적용한 것이 아닙니다.

4. 나눔

큐티는 혼자 할 때보다 여럿이 함께 깨달음을 나눌 때 은혜가 배가 됩니다. 코로나19 이후로 모이기가 힘들어지자 요즘에는 SNS나 메신저 등을 통해 '나눔방'을 만들어 활동하는 사람들이 많아졌습니다. 또 줌(zoom) 같은 플랫폼을 통해 영상 모임을 하기도 합니다. 나눔방에는 리더 한 사람이 필요합니다. 리더의 역할은 모두가 편하고 자유롭게 큐티를 나눌 수 있도록 분위기를 만들어 주는 것입니다.

나눔 순서는 아래와 같이 진행하면 좋습니다.

찬양→기도→리더가 주어진 본문을 5분 이내로 요약 설명→시계방향으로 돌아가며 한 사람씩 큐티한 내용을 나눔.

나눌 때 주의 사항이 있습니다. 첫째, 리더는 사회자라는 인식이 필요합니다. 어떤 토론회나 좌담회에서 사회자가 말을 너무 많이 하면 곤란합니다. 둘째, 한 사람이 혼자 너무 길게 이야기하는 것도 좋지 않습니다. 정해진 시간(60~90분) 안에 모두가 나눌 수 있어야 합니다. 나눔방 식구가 6~7명이라면 한 사람이 8분을 넘지 않도록 시작할 때 미리 알려 주는 것이 좋습니다. 셋째, 하나의 나눔방에는 5~10명씩 구성되는 것이 좋고, 열 명이 넘으면 방을 둘로 나누는 것이 좋습니다. 넷째, 그날 주어진 본문 또는 한 주간 동안의 본문으로 나누되, 연결되는 성경구절이 다른 곳에 있으면 포함해도 좋습니다. 다섯째, 나누고 싶지 않은 사람이 있으면 언제든지 생략할 수 있습니다. "저는 오늘은 패스하겠습니다"라고 이야기하도록 안내해 줍니다. 여섯째, 나눌 때 옆 사람과 잡담하지 않아야 합니다. 일곱째, 이야기가 이상한 방향으로 흐르면 리더가 개입해 원래 자리로 돌아오게 해야 합니다. 여덟째, 나눔을 하면서 간단히 차를 마시는 정도는 허용하되, 음식을 먹으면서 하는 것은 피해야 합니다. 자칫 집중력을 떨어뜨릴 수 있습니다. 식탁교제는 나눔을 모두 마친 후에 하는 것이 적절합니다.

나눔방의 성공은 자기 자신의 연약함, 과오, 실패한 일, 부끄러운 일, 마음의 상처 등을 꺼내놓고 이야기할 수 있는 분위기가 됐다면 성공입니다. 어떤 것은 여러 사람 앞에서 나누기 어려울 수 있습니다. 그것은 개인적으로 하나님께 호소하고 하나님과 나누도록 하세요. 그리고 나눔방에서 듣는 각 사람의 사정을 중보의 기도제목으로 삼아야지, 절대 밖으로 소문내면 안 됩니다. 나누는 중에 누군가 중요한 기도제목을 알게 되면, 나눔을 잠깐 중단하고 합심 기도를 하는 것이 좋습니다. 그리고 나서 나눔을 계속 이어 가며, 마지막에 한 사람이 대표 기도로 마무리하도록 합니다.

5. 변화

큐티를 하다 보면 묵상과 적용, 실천을 통해 스스로의 변화를 경험하게 됩니다. 다음과 같은 변화를 기대해 볼 수 있습니다.

+ 하나님과의 관계 회복, 타인과의 관계 회복
+ 내면 치유
+ 아름다운 인격으로의 변화
+ 영적 통찰력과 분별력이 생김
+ 영적 권위와 리더십이 생김
+ 매사에 우선순위를 알아 가게 됨

6. 습관

매일 큐티를 하여 생활화하게 되면, 하나님의 음성을 가려듣는 습관이 생깁니다. 세상에는 수많은 소리가 들려옵니다. 대부분 세상의 소리지만, 간혹 하나님의 음성이 섞여 있습니다. 사소한 한마디에서도 들릴 때가 있습니다. 큐티를 계속하면 하나님의 음성만 골라 듣는 습관이 몸에 배게 됩니다. 예를 들어, 오케스트라에는 수많은 악기가 있습니다. 아름다운 화음으로 연주되고 있는데, 그중 바이올린 소리만 뽑아 들을 수 있을까요? 어렵습니다. 그러나 바이올린 전문가는 여러 악기가 내는 화음 속에서 바이올린 소리만 선택해 들을 수 있습니다. 이와 같이 큐티가 생활화되면, 수많은 음성 중 하나님의 음성만 분별해 듣는 영적 분별력이 생깁니다.

5장

사랑이 드러나 내게로 왔습니다

율법에서 벗어나 새 언약을 입기까지

큐티를 통해 내가 경험한 변화 중 아주 중요한 한 가지를 소개합니다. 나는 어릴 때부터 교회를 다니며 율법적인 분위기에서 자랐습니다. 하나님을 거룩하고 무서운 분, 벌을 주시는 분, 나를 항상 감시하며 내 죄를 세시는 분, 책망하시는 분, 공의의 하나님으로만 인식하며 무거운 마음으로 신앙생활을 했던 기억이 있습니다.

수십 년간 율법적인 틀 속에서 신앙생활을 이어오다가, 큐티를 배우고 실천하면서 많은 변화를 경험했습니다. 어느 날 말씀을 천천히 읽고 정독하던 중, 무언가 나를 꼭 붙잡는 구절이 있었습니다.

"무릇 율법 행위에 속한 자들은 저주 아래에 있나니 기록된 바 누구든지 율법 책에 기록된 대로 모든 일을 항상 행하지 아니하는 자는 저주 아래에 있는 자라 하였음이라"(갈 3:10).

앞부분과 뒷부분의 말씀이 일치하지 않는 것처럼 느껴졌습니다. 율법 행위에 속한 자들은 저주 아래에 있다고 하면서 율법책의 모든 말씀을 실행하지 않는 자는 저주를 받을 것이라고 합니다. 그러면 율법을 행하라는 겁니까, 행하지 말라는 겁니까? 그런데 말씀을 천천히 곱씹어 생각해 보니, 애초에 인간은 율법을 지키는 일이 불가능합니다. 그러니 인간은 당연히 저주 아래에 있을 수밖에 없는 존재인 것입니다. 이렇게 묵상하니 앞뒤가 일치했습니다. 다만 이 말씀에 나는 너무 놀라고 충격을 받았습니다. 나는 지금까지 율법적인 토대 위에 신앙 생활해 왔는데 그게 저주 아래 있는 일이었다니, 너무 당황했습니다. 도저히 가만있을 수가 없어서 며칠간 성경 곳곳을 뒤져 율법에 관한 말씀을 찾아보기 시작했습니다.

"그러므로 율법의 행위로 그의 앞에 의롭다 하심을 얻을 육체가 없나니 율법으로는 죄를 깨달음이니라"(롬 3:20).

"생명에 이르게 할 그 계명이 내게 대하여 도리어 사망에 이르게 하는 것이 되었도다"(롬 7:10).

"사망이 쏘는 것은 죄요 죄의 권능은 율법이라"(고전 15:56).

말씀을 찾아볼수록 놀라움이 더욱 커졌습니다. 율법은 죄를 짓게 하는 능력이 있다는 말씀을 읽을 때는 탄식할 수밖에 없었습니다. 아울러 고린도후서 3장 6절에는 "율법 조문은 죽이는 것이요 영은 살리는 것"이라고 기록하고 있습니다. 또 '새 언약'이라는 말도 나옵니다. 그러면 옛 언약도 있다는 말입니까? 나는 새 언약에 대해서 또 찾기 시작했습니다.

> "율법은 모세로 말미암아 주어진 것이요 은혜와 진리는 예수 그리스도로 말미암아 온 것이라"(요 1:17).

> "새 언약이라 말씀하셨으매 첫 것은 낡아지게 하신 것이니 낡아지고 쇠하는 것은 없어져 가는 것이니라"(히 8:13).

여기서 '낡은 것'은 율법, 곧 '옛 언약'을 의미합니다. 모세를 통해 율법의 옛 언약이 주어졌고, 예수 그리스도를 통해 은혜와 진리의 새 언약이 주어졌다는 것이지요. "예수 그리스도로 말미암아"라는 것은 예수님이 십자가에서 이루신 모든 일을 의미합니다. 특히 십자가라고 말하면 그저 나무를 깎아 만든 것일 뿐이나, 예수 그리스도로 말미암은 것은 보혈이 흐르는 십자가가 아니겠습니까? '십자가의 보혈로 말미암아 내가 은혜와 진리의 새 언약 아래 살게 된 것이구나!'라는 확신이 생겼습니다. 그전에는 '예수님의 십자가로 내가 죄 사함 받고 구원받았겠지'라는 막연한 느낌 속에서 살아 왔다면, 말씀 묵상을 통해 그 느낌이 확신으로 변해 갔습니다.

"… 그 아들 예수의 피가 우리를 모든 죄에서 깨끗하게 하실 것이요"(요일 1:7).

예수의 피가 우리를 '모든 죄'에서 깨끗하게 해주신다고 합니다. 모든 죄라고 하였으니 과거의 죄, 현재의 죄, 미래의 죄 모두를 포함한 것입니다. 새 언약을 세운 날은 언제일까요? 묵상해 보면, 예수님이 십자가에서 피를 흘리시면서 "다 이루었다"라고 선포한 바로 그 날, 그 시간입니다.

나는 본격적으로 율법의 옛 언약과 십자가에 의한 은혜의 새 언약에 대해서 더 깊이 묵상하고 공부하기 시작했습니다. 아직 부분적으로 깨닫고 있지만, '여기 놀라운 복음의 비밀이 있구나'라는 것을 느꼈습니다. 우리는 살면서 몇 번이나 "당신은 구원의 확신이 있습니까?"라고 질문 받지 않습니까? 처음 이런 질문을 받으면 대부분 사람들은 당황하기도 하고 자신 있게 이야기하지 못 합니다. 나도 과거에 그랬습니다. '구원 받았겠지'라는 느낌으로 살아갑니다. 그런데 말씀을 묵상하고 보니 확신이 생겼습니다. 이제는 십자가의 복음이라고 표현하기보다 십자가 보혈의 복음이라고 말합니다. 예수의 보혈로 인한 은혜의 새 언약에 대해 조금 더 깊이 공부해 보려고 말씀을 찾는 중에 히브리서를 묵상하게 되었습니다. 그냥 지나칠 뻔한 놀라운 말씀이 있었습니다. 숨겨진 비밀이 아니라, 드러나 있는 비밀입니다.

"내가 그들의 불의를 긍휼히 여기고 그들의 죄를 다시 기억하지 아니하리라 하셨느니라"(히 8:12).

"또 그들의 죄와 그들의 불법을 내가 다시 기억하지 아니하리라 하셨으니"(히 10:17).

나도 내 죄를 기억하는데, 하나님은 내 죄를 다시는 기억하지 않으신다 하니 놀라운 말씀 아닙니까? 어째서 하나님이 내 죄를 다시는 기억하지 않겠다고 하시는 걸까요? 내게는 이 질문이 큰 숙제였습니다. 그 답을 멀지 않은 곳에서 발견했습니다.

"오직 그리스도는 죄를 위하여 한 영원한 제사를 드리시고 하나님 우편에 앉으사"(히 10:12).

제사를 드릴 때 제물은 피를 흘립니다. 예수님이 내 죄를 위해 영원한 제사를 드리셨다는 말씀은, 예수님의 피 흘림이 영원하다는 것입니다. 나의 과거, 현재, 미래의 시간들이 예수님의 영원 앞에서는 동일한 시간대이지요. 그렇다면 어제도, 오늘도, 내일도 끊임없이 예수의 피가 흐르고 있으며, 그 피가 매일 매 순간 내 머리 정수리부터 발끝까지 나를 적시며, 쉬지 않고 내 죄를 사하고 있으니까 하나님이 내 죄를 다시는 기억하시지 않게 되었다는 말입니다!

우리가 회개하고 예수를 믿었습니다. 하나님이 이것을 의로 여겨 주시고, 우리는 구원을 받았습니다. 이로써 지옥 불구덩이에 빠질 뻔한 우리 이름이 하늘나라 생명책에 기록되었고 영생이 주어졌습니다. 우리가 죄인에서 이제는 의인으로 변화되었습니다. 여기서 '의'는 올바른 행동을 말하는 것이 아니고, 올바른 신앙을 얘기하는 것입니다. 내가 올바른 신앙을 가졌다고 하나님이 여겨 주신다는 것입니다. 이렇게 구원받고 죄인에서 의인이 된 사람은 영원한 제물이 되신 예수님의 보혈에 끊임없이 적셔지고 있으니 죄가 남아 있을 수 없습니다. 따라서 나는 내 죄를 기억하는데도 하나님은 내 죄를 다시는 기억하지 않으신다는 것입니다.

말씀을 깨달은 지금은 죄를 지으면 가장 먼저 그 죄를 하나님께 고백합니다. 그리고 예수의 보혈로 이미 씻어 사해 주셨음을 감사드립니다. 정죄가 회개가 되었고, 죄 사함의 감사 기도로 변했습니다. 예배나 부흥집회에서 기도하시는 분이 자꾸 "이 죄인을 불쌍히 여겨 주시옵소서"라고 하는데, 이런 기도는 아직 구원받지 못한 영혼이 외쳐야 하는 기도가 아닐까 생각합니다. 용서 받은 우리는 감사 기도를 드려야 합니다. 그래서 나는 매일 아침 기도할 때 이렇게 고백합니다. "오늘도 나 장재윤은 예수의 보혈에 적셔지고 있노라. 아멘."

이것이 큐티를 통한 내 적용입니다. 나는 큐티를 통해 율법의 그늘에서 벗어나 은혜와 진리의 새 언약을 내 것으로 삼게 되었습니다.

십자가 보혈의 은혜로 산다는 것

우리는 살아가면서 인간관계를 맺습니다. 거기에는 두 개의 단어가 있습니다. 접촉과 연결입니다. 이것은 서로 다릅니다. 살아가면서 부모님과 얼마나 자주 접촉하고 있습니까? 형제자매들과는 얼마나 자주 접촉하고 있습니까? 그들과 언제 식사를 함께했습니까? 그들에게 언제 연락했나요? 이 질문들은 '접촉하고 있는가'의 질문입니다. 접촉이 잦아지고 매일 소식이 오고 가면, 비로소 연결 단계로 나아갑니다. 접촉과 연결이 잘 되어 있는 인간관계는 행복하고 성공적이라고 생각합니다.

그렇다면 다시 질문해 보겠습니다. 하나님과 언제 접촉해 보았습니까? 언제 하나님의 말씀에 은혜를 받고, 하나님을 마음속 깊이 느꼈나요? 여기에 답할 수 있다면 하나님과 접촉한 것입니다. 그런데 그런 접촉이 계속되고 있습니까? 하나님의 나를 향한 사랑을 알게 되고 그 사랑에 눈이 떠져 하나님께 매일 사랑을 고백하고 있습니까? 하나님이 너무 좋아 말씀을 통해 하나님과 사랑의 교제를 쉬지 않고 있습니까? 여기까지 왔다면 이것은 접촉을 넘어 하나님과 연결된 것입니다.

우리가 매일 하는 큐티야말로 하나님과 연결 짓는 영적인 일입니다. 신앙은 관념이 아닌 실제입니다. 우리가 신앙생활하며 하나님을 사랑한다는 것이 관념이 아니라 실제가 되어야 합니다.

나는 교회 생활을 오래하며 하나님을 사랑했습니다. 그런데 지금 와서 생각해 보면, 오랜 세월 하나님을 교리적으로 사랑했습니다. "하나님은 사랑이시다"라는 교육을 받았기에, 어쩌면 교리적으로 세뇌된 사랑을 한 것 같습니다. 사랑을 하나의 단어로만 이해했던 것 같습니다. 그러나 감정이 따르지 않는 사랑은 사실 가짜가 아니겠습니까? 그런데 어느 날 하나님이 십자가를 계획하실 때 얼마나 고뇌하셨을까 하는 생각이 들었습니다. 전지전능하신 신으로서 죄밖에 남지 않은 인간을 한순간에 정리하실 수도 있으셨을 텐데, 굳이 우리를 살리시려고 십자가라는 무거운 짐을 짊어지신 이유가 무엇일까 싶어졌습니다.

그것이 하나님의 의로우심이요, 우리를 향한 무한한 사랑이라는 사실이 깨달아졌습니다. 당연히 하나님의 의 앞에 서야 하는 죄인인 인간에게 하나님은 사랑을 들이대셨습니다. 온 인류의 죄를 다 대신 지시고 십자가에 달려 죽으셨습니다. 그렇게 하나님의 의가 세워지며, 동시에 우리가 사랑을 힘입어 의롭다 칭함을 받게 되었습니다. 이 모든 일을 계획하신 분, 이 말도 안 되는 일을 이루신 분이 하나님이십니다. 그 안에는 인간을 사랑하기로 작정하신 하나님의 마음이 있습니다.

십자가를 계획하며 고뇌하시는 하나님의 마음을 여러 날 정말 깊이 헤아려 보았습니다. 그때 나를 향한 하나님의 사랑이 내게 들려왔습니다. 사랑은 깨달아 아는 것이 아니라, 드러나 보여지는 것입니다. 어느 순간 드러납니다. '그전까지 나는 사랑에 대해서 털끝만큼도 몰랐구나'라고 깨닫게 되었습니다. 그 후 하나님에 대한 사랑은 교리적으로 세뇌된 사랑이 아닌 실제적 사랑이 되었고, 관념이 아닌 실제가 되었습니다. 말씀을 묵상하며 하나님의 참사랑, 예수님의 십자가 사건과 피 흘림의 비밀, 놀랄 만하고 엄청난 구원의 비밀을 깨닫게 되었으니, 그야말로 복 중의 복이 아닐까 항상 생각합니다. 하늘이 내게 내려 주신 큰 은혜입니다.

우리는 은혜를 받으면서, 또 받은 은혜를 누리면서 살아가야 합니다. 은혜에는 두 가지가 있다고 생각합니다. 하나는 육적인 은혜요, 또 하나는 영적인 은혜입니다. 둘 다 필요합니다. 우리가 인문학 강의를 들을 때 이성적·경험적·상식적으로 이해가 됩니다. 행복, 인간관계, 성공, 사랑과 환경 등에 대해 말해 주니까 은혜가 됩니다. 이런 것은 육적인 은혜입니다. 우리가 교회에서 설교를 들을 때에도 많은 부분이 육적인 은혜입니다. 육적인 은혜는 내 감정을 따뜻하게 해줍니다. 좋지만, 내 영혼을 소생시키지는 못합니다. 나를 거듭 태어나게 해주지 못하고, 구원의 길로 온전히 인도하지도 못합니다. 순간적으로 기쁨과 즐거움을 줍니다. 그래서 필요하지만, 영혼을 가진 인간을 만족시키기에는 한계가 있습니다.

그래서 우리는 영적인 은혜를 사모해야 합니다. 그런데 이것이 좀처럼 쉽지 않습니다. 말씀을 깨닫는 데 성령의 개입이 있어야 합니다. 영적인 은혜가 임할 때 내 삶이 변하고, 인격이 변하며, 말씀의 진리를 깨닫게 됩니다. 그 감동 때문에 몸에 전율이 느껴질 때도 있습니다. 내 영혼을 뒤흔드는 것 같은 전율감이 다가옵니다. 그때 놀라운 진리를 하나 깨닫게 되고, 내 영혼이 살찌며 마음속으로 하나님을 깊이 느끼게 됩니다. 영적인 은혜를 받을 때, 내 인생의 전환점이 될 수도 있습니다. 생각의 전환, 관념의 전환, 지식의 전환이 따라옵니다.

우리는 십자가를 많이 외치고 찬양합니다. 어느 날 이런 깨달음이 찾아왔습니다. 십자가를 외치고 찬양하는 것은 좋은데, 가만히 묵상해 보니 십자가는 수단이고, 예수님의 흐르는 보혈이 목적입니다. 우리는 목적보다는 수단만 많이 외치고 있는 것은 아닐까요? 이러한 흐름 속에서 신앙생활을 하니, 예수님 보혈의 엄청난 능력을 경험하지 못하는 것이 아닐까요? 예수의 보혈을 선포하면 다가왔던 죄가 도망갑니다. 사탄이 떨며 도망갑니다. 부정적인 생각이 사라집니다. 하늘의 평안이 임하고, 죄 사함의 감격이 생깁니다. 앞서 말씀드렸듯이, 매일 아침 이렇게 선포해 봅시다.

"오늘도 나는 예수의 보혈에 적셔지고 있노라. 아멘."

나는 개인 기도할 때마다 이렇게 고백하며 기도를 마무리합니다.

"오늘도 내게 피를 뿌려 주시는 예수님의 이름으로 기도합니다. 아멘."

이것이 지금은 습관이 되었습니다. 이러한 기도를 통해 예수님의 보혈의 능력을 체험하며 살기를 바랍니다.

우리는 예수님의 보혈 덕분으로 하나님 아버지의 자녀가 되었습니다. 그걸 생각하면 '아, 내가 세상을 살 때는 하나님의 자녀답게 살아야겠다'는 마음이 생깁니다. 또 세상 사람들이 크리스천을 볼 때 '저 사람은 뭔가 좀 다르다, 매사에 아주 젠틀하다'라는 구별된 모습이 있어야 하지 않을까 생각합니다. 그래서 작은 예로, 식당에서 식사 후 그릇을 잘 정리해 놓고 나옵니다. 항상 남을 먼저 배려하려고 애씁니다. 지금은 사업을 하고 있지 않지만, 사업을 한다면 내 이익보다 상대방의 유익을 먼저 생각하는 것이 하나님 보시기에 아름답지 않을까 생각합니다. 이 세상에서 하나님의 자녀답게 살아야 장차 천국 가서도 적응을 잘할 것 같습니다.

말씀대로 산다는 것

"범사에 여러분에게 모본을 보여준 바와 같이 수고하여 약한 사람들을 돕고 또 주 예수께서 친히 말씀하신 바 주는 것이 받는 것보다 복이 있다 하심을 기억하여야 할지니라" (행 20:35).

사도 바울은 예수님이 친히 "주는 것이 받는 것보다 복이 있다"고 말씀하셨다고 말합니다. 이 말씀을 묵상하며, 여유가 있어서 주는 것이 아니라, 그럼에도 불구하고 주어야 한다고 생각했습니다. 남에게 베푼다는 것은 쉽지 않습니다. 언제부터인가 나는 1년에 얼마를 베풀지 생각하고 예산을 세웠습니다. 병원에 입원한 사람, 전근이나 다양한 사정으로 먼 길을 떠나야 하는 사람, 선교사들, 힘든 삶을 사는 사람들에게 조금씩 나누었습니다. 극빈자에게 식료품을 나누어 주는 후쿠오카 푸드뱅크에도 매월 나누었습니다. 여러 해를 이렇게 해왔는데, 얼마 전 내 아내가 후쿠오카 요양원에 들어가면서 사정이 조금 달라졌습니다. 초절약 생활을 하지 않으면 안 되어서 나누는 것이 쉽지 않게 되었습니다.

그런 가운데 일본인 지인이 폐암 수술을 위해 병원에 입원했다며 기도를 부탁해 왔습니다. 기도하는 중에 감동이 있어 내 한 달 식비의 약 절반 정도를 쾌유를 위해 보내 주었습니다. 이때의 나눔은 그전과는 전혀 달랐습니다. 여유가 없는 중에 나눔이었습니다. 그래도 아깝다거나 당장 내일 뭘 먹어야 하나 같은 걱정은 없었습니다. 하루빨리 병이 낫기를 바라는 간절함이 있었습니다. 다행히 그가 잘 회복하여 건강을 찾았습니다.

그런데 생각지 못한 일이 생겼습니다. 그 무렵 나도 심장수술 일정이 잡혀 있었는데, 일본 지인이 내 수술비와 입원비에 해당하는 거액을 보내 주었습니다. 참 감사했습니다. 이런 경험을 해 보니 내게 잊지 않고 조금씩이라도 선교 헌금을 보내 주던 분들이 생각났습니다. 그분들에게 있어서 정말 소중한 삶의 일부를 내게 보내 주는 것이겠구나 싶어 새삼 감사하게 되었습니다. 한편, 물욕이 사라지기도 했습니다. 물질에 자유함이 찾아왔습니다. 그런 만큼 영혼들에 더 관심을 갖게 되었습니다. 그래서 요즘은 어린아이뿐만이 아니라 모두가 다 예쁘게 보입니다. 하나님의 시선을 선물로 받았다는 생각도 듭니다.

존 록펠러(John D. Rockefeller)는 세계 최대의 부자가 되었지만, 그의 인생은 그리 행복하지 않았습니다. 55세 때 그는 불치병이 생겨서 1년 이상 살기 어렵다는 이야기를 들었습니다. 그는 마지막으로 검사를 받기 위해 휠체어를 타고 병원에 갔습니다. 병원 로비에 들어서자 벽에 걸려 있는 액자가 보였는데, 거기 쓰여 있는 글이 눈에 들어왔습니다. 바로 "주는 것이 받는 것보다 복이 있다"고 한 사도행전 20장 35절 말씀이었습니다.

그것을 보는 순간 그는 전율을 느끼며 자기도 모르게 눈물을 흘렸습니다. 따뜻한 뭔가가 몸을 감싸는 듯했습니다. 그는 눈을 감고 조용히 생각했습니다. 그런데 잠시 후 시끄러운 소리가 들려왔습니다. 어떤 환자의 가족과 병원 직원과의 다툼이었습니다. 듣고 있으려니까 병원 직원이 "돈이 없으면 입원할 수가 없다"라고 이야기하고 있었습니다. 환자의 어머니로 보이는 여자가 그 직원에게 어떻게 해서든 돈을 준비해 오겠다며 입원시켜 달라고 울며 매달리고 있었습니다. 이 광경을 바라보던 록펠러가 비서를 불렀습니다. 그리고 저 환자의 입원비를 다 지불해 주되 누가 지불했는지는 모르게 하라고 지시했습니다.

그렇게 록펠러로부터 도움을 받게 된 아이가 기적적으로 치유되었습니다. 이 모습을 본 록펠러는 얼마나 기뻤는지 모릅니다. 그는 그의 자서전에서 "나는 살아오면서 이렇게 행복한 삶이 있다는 것을 몰랐다"라고 고백했습니다. 그때부터 그는 나누고 섬기는 인생으로 살아갈 것을 결심했습니다. 그와 동시에 신비하게도 그의 불치병이 사라져 버렸습니다. 그 후 그는 98세까지 나누는 인생을 살았습니다. 그의 인생의 상반기 55년간은 사람과 일에 쫓기면서 살아왔는데, 하반기 43년간은 행복한 인생이었습니다. 그는 생애 수입의 십일조 헌금을 하나님께 드렸습니다. "주는 것이 받는 것보다 복이 있다"는 말씀이 이렇게 사람을 변화시켰습니다.

"내가 그리스도와 함께 십자가에 못 박혔나니 그런즉 이제는 내가 사는 것이 아니요 오직 내 안에 그리스도께서 사시는 것이라 이제 내가 육체 가운데 사는 것은 나를 사랑하사 나를 위하여 자기 자신을 버리신 하나님의 아들을 믿는 믿음 안에서 사는 것이라"(갈 2:20).

이 말씀을 묵상하며 오래전에 일어난 한 사건이 떠올랐습니다. 미국 텍사스에 사는 어느 소녀가 스키를 타다 넘어져 중상을 입고 식물인간이 되었습니다. 회생 가능성이 없다고 판단된 부모는 딸의 장기 기증에 동의했고, 심장질환을 겪고 있던 한 간호사가 소녀의 심장을 이식받아 수술했습니다. 수술은 성공적이었습니다. 6개월 후 어머니는 간호사를 찾아가 청진기로 딸의 심장 소리를 들으며 눈물을 흘렸다고 합니다.

어쩌면 내 심장도 예수님의 심장으로 영적 이식 수술을 한 것 같다고 느꼈습니다. 하나님이 나를 보실 때 독생자 예수 그리스도의 심장 소리를 들으며 기뻐하시는 것 아닐까요? 그렇기에 하나님은 나를 '아들아!'라고 부르시고, 나는 그분을 '아버지!'라고 부르게 된 것이 아닐까요? 예수님의 십자가 보혈이 항상 나를 적셔 주고, 내 안에 그리스도께서 심장 소리를 내며 살고 계시니, 얼마나 놀랍고 신비로운 일인지요.

"주는 것이 받는 것보다 복이 있다"는 말씀은 물질뿐 아니라 배려하는 마음, 장기 기증과 같은 나눔에도 적용됩니다. 마태복음 6장 19-21절에서는 "너희를 위하여 보물을 땅에 쌓아 두지 말라… 네 보물 있는 그 곳에는 네 마음도 있느니라"라고 말씀합니다. 하나님이 귀히 여기는 영혼들을 위해 사용되는 선교 헌금, 교회 헌금, 궁핍한 자를 돕는 물질 등이 하늘에 쌓이는 보화라고 묵상합니다. 사람이 나이가 들어 국민연금을 받듯, 하늘에 보화를 쌓는 자에게는 하나님의 연금이 있는 셈입니다.

우리는 받은 은혜를 기억하고 감사하며 살아야 합니다. 나병에서 치유 받고도 감사하지 않은 아홉 명처럼, 도움받고도 잊어버리는 것은 도덕적 부채를 지는 일입니다. 감사는 능력이고, 하나님의 은혜를 끌어당기는 자석입니다. 존 헨리 자웨트(John Henry Jowett) 박사는 감사 기도와 음식 섭취의 관계를 연구하며, 면역 기능 향상, 항독소 작용, 소화 흡수 촉진 등 과학적 효능을 발견했습니다. 형식이 아닌 참된 감사 기도 습관이 중요합니다.

감사와 행복은 셀프(Self)입니다. 믿음이 바탕이 되어 어떤 상황에서도 감사할 때 우리는 행복할 수 있습니다. 아리스토텔레스는 "행복은 감사하는 사람의 것"이라고 했고, 인도의 시인 라빈드라나트 타고르(Rabindranath Tagore)는 "감사의 분량이 곧 행복의 분량"이라고 말했습니다. 행복해서 감사하는 것이 아니라, 감사하기 때문에 행복해지는 것입니다.

감사와 함께 중요한 것은 축복하는 일입니다. 인생에 가장 큰 무기라면 나는 감사와 축복이라고 단언하고 싶습니다. 바울도 "너희를 박해하는 자를 축복하라 축복하고 저주하지 말라"(롬 12:14)고 이야기하지 않았습니까? '저주'란 무엇입니까? 사무엘상 17장은 블레셋 사람 골리앗 장군이 이스라엘에 대하여 싸움을 돋우는 장면이 나옵니다.

"그 블레셋 사람이 또 이르되 내가 오늘 이스라엘의 군대를 모욕하
였으니 사람을 보내어 나와 더불어 싸우게 하라 한지라"(삼상 17:10).

이때 목동 다윗이 전쟁터에 있는 형들에게 줄 음식을 가지고 면회
하러 갔다가, 골리앗 앞에서 떨고 있는 사울 왕과 군대를 보고 참을
수 없었습니다. 다윗은 평소 양들을 들에서 칠 때 사용하던 물매와
매끄러운 돌 다섯 개를 들고 골리앗에게 나아갔습니다. 골리앗은 다
윗을 업신여기며 저주했습니다. 여기서 중요한 것은, 상대에게 합당
치 않으면 그 저주는 말한 자에게 돌아간다는 점입니다. 반대로 우리
가 축복하면, 그 축복이 상대에게 합당치 않으면 결국 우리에게 돌아
옵니다.

몇 년 전, 한국에서 있었던 일입니다. 2022년 11월, 한 가톨릭 신부
가 새로 뽑힌 대통령을 반대하며 해외 순방 중 비행기 추락을 간절히
기도했다고 합니다. 그런데 그 다음 날, 그의 아버지가 돌아가셨습
니다. 이 사건은 골리앗의 저주 사례와 마찬가지로, 남을 저주하면
결국 자신에게 돌아온다는 교훈을 줍니다. 우리는 남에게 원한을 갖
거나 미워하거나 저주하지 않아야 합니다.

과거에 나는 모교회에서 성가대 책임을 맡았습니다. 성가대원 모
두가 내게 기도제목이었습니다. 특히 소프라노 한 자매가 약간 느지
막하게 결혼했는데, 기다리던 임신이 되자 모두가 기뻐했습니다. 유
산을 연거푸 두 번이나 했지만, 기도의 밧줄을 놓지 않고 끈질기게
기도했습니다. 그 후 세 번째 임신에서 무사히 건강한 아기가 태어나

우리 모두의 기쁨이 되었습니다. 그 후 내게 생긴 습관이 있습니다. 길을 걷다가 임신한 여인을 보면, 나도 모르게 산모와 태아의 건강을 위해 기도합니다. 수십 년이 지난 지금도 마찬가지입니다. 그래서인지 임신을 원하는 분들이 찾아와 기도해 주면 얼마 안 있어 잉태 소식이 들려옵니다. 모든 일은 하나님이 하시니 그저 감사할 따름입니다.

나는 큐티를 통해 말씀 속에 숨겨진 많은 보화와 비밀을 발견했습니다. '들켜진 비밀'이라는 표현 대신, '내게는 이미 알려졌지만 여전히 소중한 비밀입니다'라고 표현하면 더 자연스럽습니다. 또한 큐티를 통해 재물관이 변화하였고, 사건을 바라보는 시각도 달리졌습니다. 인간관계가 깊어지고, 하나님 자녀로서의 영적 자부심 속에 일상을 살아가는 기쁨을 느끼고 있습니다. 여러분의 큐티도 교과서적이 아니라 살아 움직이는 큐티가 되길 바랍니다.

3부

노년을 만나다

6장

인생 공부를 했습니다

이 글을 쓰는 내 나이가 80세입니다. 저물어 가는 나이라서 가끔은 인생의 끝자락을 생각해 보기도 합니다. 지난 시간은 그야말로 산전수전을 겪어 온 세월이기도 합니다. 은퇴하면서 비로소 나 자신을 정직하게 볼 수 있는 것 같기도 하고, 스스로를 보면서 여러 가지 깨닫는 것을 보니 이제야 좀 철이 들었나 생각하게 됩니다.

누군가는 인생을 "무거운 짐을 등에 지고 먼 길을 걸어가는 것"이라고도 말했고, 솔로몬은 "모든 것이 헛되고 헛되다"라고 말했습니다. 그런데 내가 철들고 보니 꼭 그런 것만은 아닌 것 같습니다. 인생은 얼마든지 아름답고 멋질 수 있고, 또 보람 있게 살 수 있습니다. 그런데 그러려면 그렇게 살겠다고 작정해야 합니다. 작정해야 그렇게 됩니다. 나는 인생을 아름답고 멋지고 보람 있게 살겠다고 작정했습니다.

어떤 사람이 인생 경험이 많다고 말할 수 있을까요? 무조건 나이가 많다고 인생을 다 아는 것도 아닌 것 같습니다. 어떤 변호사의 고백인데, 50년간 변호사 생활을 하면서 사건 사고를 당한 사람을 만 명 이상 만나 그들과 법적 공방을 해 보니 누구보다 많은 인생 공부를 했다 자부하게 된다고 말했습니다. 수긍이 갑니다. 그런데 그렇게 따지면 나도 지지 않습니다. 나는 목회하면서 수많은 성도를 만나 그들과 함께 고민하고 씨름하며 많은 인생 공부를 했습니다. 그러면서 깨닫게 된 것들을 몇 가지로 나누어 정리해 보려고 합니다.

만남: 인연을 소중히

이 책을 시작하면서도 이야기했지만, 인생에서 가장 중요한 것은 만남입니다. 살아간다는 것은 만남을 의미합니다. 인간은 만남의 존재입니다. 어떤 부모를 만나느냐에 따라 내 성품이나 인격이 형성되고 장래에 대한 큰 줄기를 만들어 갈 수 있습니다. 어떤 스승을 만나느냐에 따라 실력을 얻을 수 있고, 도덕과 윤리적인 면에서 올바른 길을 갈 수 있습니다. 어떤 친구를 만나느냐에 따라 내가 선한 길을 갈 수도 있고, 악으로 치우칠 수도 있으며, 심지어 범죄자의 길을 갈 수도 있습니다. 어떤 배우자를 만나느냐에 따라 내 가정이 결정됩니다. 좋은 책을 만나면 뜻하지 않게 좋은 지식과 지혜를 얻기도 합니다.

가장 중요한 만남은 영적인 만남입니다. 어떤 신을 만나느냐에 따라 내 영혼의 향방이 영생 또는 영벌로 갈라지게 됩니다. 인간의 행복과 불행은 이 만남을 통해 결정됩니다. 또한 교회를 다니게 되면 어떤 목자를 만나느냐가 삶에 큰 영향력을 끼칠 수 있습니다. 백성은 왕을 잘 만나야 합니다. 씨앗은 땅을 잘 만나야 하고, 땅은 씨앗을 잘 만나야 합니다. 우연한 만남이든, 섭리적인 만남이든 만남은 중요합니다. 인생의 변화는 만남을 통해 시작됩니다. 만남을 통해 우리는 서로를 발견하게 됩니다. 서로에게 의미를 부여하기 시작합니다. 최고의 만남은 예수님과의 만남이고, 또 가장 중요한 것은 하나님의 말씀과의 만남입니다.

나는 기도하는 어머니를 만난 것이 너무나 큰 축복이었습니다. 지금의 내가 있게 된 것은 그 때문입니다. 그리고 아내를 만난 것은 하나님이 개입하신 섭리였다고 확신합니다. 아내를 만났기에 일본 선교의 길을 가게 되었습니다. 그뿐 아니라 아내는 목회를 헌신적으로 도왔습니다. 아내는 찬양도 잘했고, 실내 장식과 꽃꽂이 등에 재능이 있었습니다. 요리에도 솜씨가 있어서 송구영신예배 후 새해 떡국을 모두 함께 먹었는데, 모두 맛에 감탄했습니다.

아내는 방언과 통변의 은사가 있었습니다. 아내에게 기도해 달라는 사람들도 많았습니다. 아내는 일대일 제자양육을 통해 성경을 가르치기도 하고, 큐티 모임의 리더로서도 사역했습니다. 아내가 인도하던 목요일 '유모차 부대 큐티 나눔방'은 아주 유명했습니다. 아내는 교회의 어머니 같은 모습으로 성도들을 섬겼습니다. 서울에서 선교 팀이나 손님들이 오면 안내도 곧잘 했습니다. 정말 헌신적으로 섬겼습니다. 또 상담의 은사가 있어서 동경온누리교회 상담실이 처음 개설되었을 때 상담실장도 맡아 많은 성도의 삶에 해답을 주기도 했습니다. 다만 상담을 비롯해서 사역에 많은 에너지를 소진했는지 우울증으로 고통받은 것은 너무도 마음 아픈 일입니다. 어느 날 아내가 내게 해준 이야기가 잊히지 않습니다.

"나는 쓰레기통이야. 사람들이 자기 쓰레기를 내게 다 가져와서 버리거든."

아내에게는 항상 미안한 마음뿐입니다. 이런 귀한 아내를 만난 것이 내게는 정말 큰 축복이었습니다.

한편 나는 온누리교회 하용조 목사님을 만나서 영적인 양식을 20년 가까이 공급받았습니다. 그 영적 자산 덕분에 지금도 주일이면 설교를 하고 있습니다. 하용조 목사님을 만난 것이 내게는 영광이요 축복이었습니다. 일본 선교에도 많은 지원을 해주셨습니다. 내게 큰 버팀목이었습니다.

하나님은 우리 부부에게 아들과 딸을 주셨습니다. 아이들은 어느새 장성한 어른이 되어 각각 가정을 이루고 하나님의 기쁨이 되는 자로 성장했습니다. 그 아이들과의 만남이 우리 부부에게는 더할 나위 없이 큰 축복입니다.

하나님의 일을 하기 전, 일본 로렌스타 주식회사의 오다 야스시 사장을 만나 14년간 함께 사업했습니다. 그는 내게 사업은 물론 일본에 대해 가르쳐 주었습니다. 내 인생에서 지울 수 없는, 아주 중요한 만남입니다. 그는 창조주 하나님을 인정하지만, 예수는 믿지 않습니다. 내가 크리스천이라고 하니까 예의상 하나님만은 인정한다고 했던 건가 하는 의구심이 아직도 있습니다.

장인어른과의 만남도 큰 복이었습니다. 장인어른은 내게 처음 사업을 가르쳐 주신 분입니다. 나는 무역에 아주 능숙하게 되어 무역 오파업도 겸하여 수년간 일했는데, 장인어른으로부터 배운 것이 내가 사업을 하게 된 시발점이었습니다.

내게는 귀한 만남이 참 많습니다. 이렇게 떠올리고 보니 그리운 얼굴들입니다. 보고 싶지만 지금은 만나지 못하는 사람도 많습니다. 이렇듯 인생에서 만남은 중요하고, 그 만남이 원만한 관계로 유지되는 것은 더 중요하다고 생각합니다. 어떤 사람은 인연을 소중히 여기고 계속적으로 좋은 관계를 유지합니다. 연말이 되면 새해 연하장을 2만 매나 보내는 분도 있습니다. 어떤 사람은 오랫동안 연락이 없다가 갑자기 연락이 오고 만나지고 합니다. 대부분 이런 일에 후원이니 도움을 요청하는 경우입니다. 그럴 때면 반갑기보다는 당황스럽습니다. 때로는 이런 일로 갈등하기도 합니다.

물론 나도 너무 바쁠 때는 관계에 실패하기도 했습니다. 낯가림이 있어서 관계를 맺어 나갈 때 적극적이지 못할 때가 많았습니다. 사교성이 많이 부족합니다. 어쩌면 내가 교만한 것이 아닐까 하는 생각도 해봅니다. 그러면서 깨달은 것은, 좋은 사람과 친밀한 관계를 이어가려면 자주 만나야 한다는 것입니다. 자주 만나면 관계도 좋아집니다. 한 자매의 남자친구가 출장차 멀리 외국에 갔습니다. 외국에 나가 있는 동안 남자친구는 자매에게 사랑의 편지를 무려 400통이나 보냈습니다. 드디어 2년 후 자매가 결혼하는 날이 왔습니다. 누구와 결혼했을까요? 당연히 편지를 400통이나 보내 준 남자친구와 했을 것 같지만, 알고 보니 그 400통의 편지를 배달해 준 우편배달부와 했다는 웃지 못할 이야기가 있습니다. 극단적인 예이기는 하지만, 관계에 있어서 편지보다 만남이 주는 힘이 더 강하다는 깨달음을 줍니다.

하나님과의 관계에서도 마찬가지입니다. 아들이 자기 마음대로 집을 떠나 몇 년간 소식이 없다가 갑자기 아버지를 찾아와 "돈 좀 주세요" 하면 금방 줄 아버지가 어디 있겠습니까? 그동안 어떻게 지냈는지, 무엇 때문에 돈이 필요한지 등 모든 설명을 듣고 난 다음에야 아버지가 도와주실 수 있습니다. 하나님도 그렇습니다. 그래서 큐티가 중요하고 기도가 중요합니다. 남이 만난 하나님 이야기만 듣지 말고 직접 하나님 앞에 나아가야 합니다.

어느새 일본에 선교사로 온 지도 25년이 지났습니다. 그동안 많은 지인들이 생기고, 그들의 사랑을 받았습니다. 늘 우리를 좋아해 주고 염려해 주는 분들과의 관계 때문에 이곳을 떠날 수 없게 되었습니다. 이렇게 만남과 관계는 우리 인생에 너무나 귀하다고 생각합니다.

인격: 인품으로 전하는 복음

우리는 누군가가 지혜롭고 선하며 도덕적으로 흠잡을 것이 없으면 훌륭한 인품으로 여깁니다. 이런 아름다운 인품을 지닌 사람을 만나기가 쉽지 않습니다. 대표적인 성경 인물로는 요셉이 있습니다.

요셉은 형들로부터 미움을 받아 죽을 뻔하다가 인신매매를 당해 노예로 팔려갑니다. 그렇게 애굽으로 간 요셉은 누명을 쓰고 옥살이까지 합니다. 얼마나 억울하고 힘들었겠습니까? 하나님이 요셉에게

"이것은 장차 네가 애굽의 총리가 되기 위한 과정이다"라고 한마디라도 해주셨다면 견딜 만했을 것입니다. 그러나 하나님은 그런 말씀은 하지 않으셨습니다. 그런데도 그는 자기를 이렇게 만든 형제들을 원망하지 않았습니다. 원망은커녕 그들을 눈물로 용서하고 가족으로 받아 주었으며 후손들까지 돌보아 주었습니다. 원수를 사랑하고 용서하며 배려하는 인격이 그에게 있었습니다.

요셉을 생각하면 남아프리카공화국의 넬슨 만델라(Nelson Mandela) 대통령이 생각납니다. 그는 인종차별에 맞서 투쟁하다가 반역죄로 27년간 수감 생활을 했습니다. 그런 그의 도덕적 신념은 화해, 관용, 평등, 정의, 그리고 비폭력으로 요약할 수 있습니다. 그도 요셉이 형들을 용서했듯이 대단한 용서를 했습니다. 인종차별 반대 운동을 한 흑인들을 잔인한 방법으로 탄압했던 국가 권력의 가해자들이 진심으로 죄를 고백하고 뉘우치면 전부 사면해 준 것입니다. 그는 노벨평화상도 수상했습니다.

또 성경의 인물 중 다윗의 친구 요나단의 인품이 훌륭했습니다. 사울 왕의 아들로 차기 왕권을 차지할 수 있었지만, 죽음의 문턱에 놓인 다윗을 끝까지 보호해 주며 왕이 되도록 도왔습니다. 왕의 자리까지 양보하며 스스로를 희생하는 모습이 너무 감동적입니다.

사무엘상 25장에 등장하는 아비가일도 훌륭한 인품의 소유자입니다. 그녀의 남편 나발은 매우 부유한 사람이었습니다. 그런데 자신의 양떼와 염소들을 광야에서 보호해 준 다윗이 그의 소년들을 보내 도움을 청했을 때 모욕하며 거절했습니다. 이에 분노한 다윗이 나

발을 치려고 할 때, 아비가일이 신속히 떡과 포도주 등을 준비해 다
윗의 일행 앞에 내어 놓으며 용서를 구했습니다. 이때 아비가일이 기
가 막힌 변호를 합니다(삼상 25:23-31). 얼마나 지혜롭게 간청했는지,
다윗의 하늘까지 닿은 분노를 잠재워 피를 흘리는 일이 없도록 했습
니다. 얼마 후 여호와께서 나발을 치시매 그가 죽었고, 아비가일은
다윗의 아내가 되었습니다.

사도행전 10장에 보면 이탈리아 백부장 고넬료의 훌륭한 인품이
소개됩니다. 그는 이방인이었지만, 하나님을 경외하고 기도하는 자
였습니다. 또 그는 의로웠고 구제를 많이 하며 이웃을 사랑했습니
다. 사람들은 하나님께 순종하는 삶을 사는 그를 존경했으며, 유대
인들까지도 그를 칭찬했습니다. 하나님은 그를 통해 이방인 전도의
문을 여셨습니다.

신약에서 바울과 함께 사역했던 바나바의 인품과 그 인격도 큰 감
동을 줍니다. 바나바는 그 성품과 인격, 사람됨이 초대교회를 대표
할 만한 인물입니다. 바나바는 평신도 선교사로서 예루살렘 교회에
서 안디옥으로 파송받은 사람입니다. 그는 덕망이 있고 인격이 훌륭
하며, 믿음이 좋은 사람이었습니다. 성경은 그에 대해 "바나바는 착
한 사람이요 성령과 믿음이 충만한 사람이라"(행 11:24)고 소개합니
다. 그에게는 영적인 리더십과 인격적인 리더십이 있었습니다. 사도
바울은 영적 리더십이 강한 사람입니다. 그러나 인격적 리더십은 바
나바가 훨씬 뛰어났습니다. 바나바는 자기 밭을 팔아 사도들의 발 앞
에 드렸습니다. 그는 가난한 사람들을 돌보고, 약자를 보살폈습니

다. 그는 언제나 일보다는 사람을 중요하게 생각했고, 그늘에 있는 사람들에게 관심을 갖고 다가갔습니다.

이처럼 성경 지식만 많다고 되는 것이 아니라, 인격이 잘 갖추어져야 합니다. 영적 리더십은 복음을 전할 수 있지만, 예수를 닮아 가게 만드는 것은 그 사람의 인격입니다. 인격이 없으면 예수를 전하면서도 상처를 함께 줄 수 있습니다. 바울을 처음 사도들에게 소개한 자가 바나바인데, 나중에 보면 바나바는 바울을 섬기는 자가 됩니다. 인격 중 가장 큰 인격은 남을 섬기는 인격입니다. 나는 바나바의 인품을 닮고 싶습니다. 성경 속 이런 사람들의 인품과 인격을 생각하고 묵상하면 우리도 조금은 그들을 닮아 갈 수 있지 않을까 도전이 됩니다.

인품은 인간의 양심과도 깊은 관계가 있다고 봅니다. 나는 어릴 때부터 가정과 학교에서 "사람은 말과 행동이 같아야 한다", 즉 언행일치의 교육을 받아왔습니다. 그런데 예수를 믿고 철이 들면서 언행일치만 강요하는 것은 사람을 위선자로 만드는 것이 아닌가 하는 생각이 들었습니다. 언행일치도 중요하지만, 거기에 마음이 담기지 않는다면 겉만 번지르르한, 보기에만 좋은 인생을 살아가는 것 아니겠습니까? 그것이야말로 하나님이 싫어하시는 가증한 것이라는 생각이 들었습니다. 그래서 나는 언행심 일치를 실천하려고 노력합니다. 정직한 마음을 중요하게 생각하며 실천하는 것입니다.

우리 삶 주변에는 인품이 좋은 사람들이 있습니다. 나는 일본에 사는 외국인이라 몇 년에 한 번씩 비자 연장을 위해 출입국 관리소를 찾아갑니다. 순서를 기다리면서 보면, 일본 사람들은 참 인품이 좋다는 생각을 합니다. 어떤 외국인에게 직원이 열심히 설명하는데 잘 알아듣지 못하자 두세 번 반복해 천천히 설명하면서도 전혀 짜증을 내지 않습니다. 그 직원이 천사처럼 보입니다. '이런 멋진 인품을 가진 사람이 있구나, 나보다 훨씬 낫다'고 생각했습니다.

하루는 한쪽 눈이 심하게 충혈되어 안과를 찾았는데, 의사가 "저도 선생님처럼 눈이 빨개질 때가 있어요. 이 정도면 금방 나을 거예요"라며 먼저 안심시켜 주었습니다. 의사는 으레 높은 자리에서 거만한 모습일 거라는 선입견이 있었는데, 내 아픔과 어려움에 공감해 주고 나와 같은 자리에서 먼저 나를 안심시켜 주어 고마웠습니다. 그 인품이 인상 깊었습니다. 여러 해 나를 주치의로서 진찰해 준 키무라 선생님도 인품이 좋았습니다. 지금은 은퇴했지만, 한참 활동하던 때에는 얼마나 상대를 꼼꼼하게 배려해 주는지, 그 인품에 매료되기도 했습니다. 그런가하면 동경에서 아내의 우울증이 심해져서 병원을 찾았는데, 그때 만난 정신과 의사의 첫마디가 지금도 생생하게 기억납니다. 그가 "이 병은 반드시 낫는 병이니까 걱정하지 마세요"라고 말해 주었는데, 얼마나 안심되었는지 모릅니다. 이런 말들은 환자의 상황에 공감하고 배려해 주는 인품에서 나온 것이라고 생각합니다.

아내가 잠시 회복되었을 때, 함께 점심시간에 자주 가던 식당이 있었습니다. '아카사키 함박스테이크'라는 가게인데, 사람들이 많이 줄 서서 기다리는 곳이었지만 종종 그곳에 갔습니다. 가게 직원들은 아내가 어떤 어려움을 겪고 있는지 알고 있었습니다. 아내가 다시 안 좋아져 얼마간 그 식당에 못 가다가, 하루는 나 혼자 그 식당에 갔습

니다. 아무도 아내의 안부를 묻지는 않았지만, 계산하고 나올 때 내
가 먹은 것 하나를 도시락으로 포장해서는 "아내에게 갖다 드리세
요" 하고 주었습니다. 이런 서비스는 일본에서 20년 가까이 살면서
처음 경험했습니다. 일본에는 '무언가 하나 더 서비스로 주는' 문화
가 거의 없기 때문에 정말 깜짝 놀랐습니다. 일부러 아내의 안부를
묻지 않은 것도 나를 배려한 것이었다는 사실에 감동했습니다.

이렇게 우리 삶 주변에 훌륭한 인격을 가진 사람들이 많습니다. 그
들을 보면 문제 많은 세상이라지만, 그래도 아직 살 만하다고 느낍
니다.

사랑: 감정이 아닌 헌신으로

사랑은 보여줄 수는 없지만, 존재합니다. 사랑은 이상이면서 또한
현실입니다. 사랑은 인생을 다른 색으로 보게 해줍니다.

학교에서 괴롭힘을 당하고 있는 중학교 3학년 학생에게 "사랑이
무엇이냐?"고 물었더니, 그는 수줍은 듯 조용히 말하기를 "사랑은 아
주 연약한 사람의 말에 귀 기울여 주는 것이에요"라고 말했습니다.

성경에서 진정 사랑을 아는 남자는 야곱이라고 생각합니다. 그는
사랑하는 여인 라헬을 아내로 삼고 싶어, 그녀의 아버지 라반의 조건
을 들어줍니다. 야곱은 7년간 라반 밑에서 종처럼 일했습니다. 야곱
이 속임수에 능했듯, 라반도 속임수에 능한 사람이었습니다. 라반의
조건은, 딸을 줄 테니 또 7년간 자신을 섬기라는 것이었습니다. 결국
야곱은 사랑하는 여인을 위해 14년간 장인 밑에서 일했습니다. 라헬

을 아내로 삼기 위해 14년을 투자한 야곱은 참으로 사랑을 아는 사람이라 할 수 있습니다. 연인끼리 서로 사랑해서 결혼한다고 해도, 그 사랑이 평생 변하지 않고 함께할 수 있을까요? 사랑한다면 일도 열심히 해서 돈을 벌고, 책임져야 합니다.

학창시절 읽은 책 중에 고미카와 준페이(味川純平)가 쓴 《인간의 조건》이라는 소설이 있었습니다. 2차 세계대전을 배경으로 하는 여섯 권짜리 대하소설입니다. 소설에서 가장 인상 깊었던 부분은 마지막 장면이었습니다. 강직하고 정직한 사람인 주인공 카지는 아내 미치코와 함께 만주에서 살았는데, 아내에게 줄 무언가를 품에 안고 추운 겨울 만주 벌판을 지납니다. 그러나 가난했던 그는 영양실조로 기력이 없어 쓰러졌고, 다시 일어나지 못했습니다. 그는 그곳에서 얼어 죽었습니다. 그의 시체 위에 눈이 소복이 쌓였습니다. 그가 아내를 위해 품에 안고 있었던 것은 만두였습니다. 자신은 영양실조로 죽어 가면서도 아내를 먹게 하기 위해 그 추운 길을 걸었던 것입니다. 이처럼 사랑은 단순히 감정이 아니라 행동으로 나타나는 헌신입니다. 지금 우리가 사는 시대에 이런 순애보적 사랑을 찾기란 쉽지 않습니다.

사람들은 흔히 "밥보다 사랑을 먹고 산다"라고 말하곤 합니다. 그러나 인간을 향한 참된 순애보적 사랑은 하나님의 사랑에서 가장 명확히 드러납니다. 하나님이 십자가를 계획하실 때의 고뇌와 고민 속에서 나는 하나님의 인간을 향한 사랑을 깨달았습니다. 왜 하나님은 인간의 죄 문제를 단순히 해결하지 않고, 십자가라는 방법을 계획하셨을까요? 하나님은 전지전능하시지만, 인간의 죄는 그만큼 강력한 문제입니다. 인간에게 있어 죄는 본질적이고 근본적인 문제입니다. 인간이 구원을 받아야 하는 이유는 바로 죄의 저주 아래 있기 때문입니다. 그러나 인간은 이러한 죄의 심각성을 종종 인식하지 못합니다. 이 문제를 해결하지 않으면, 죽음과 삶, 행복과 축복의 문제 또한 해결할 수 없습니다.

그렇다면 인간의 죄 문제를 해결할 방법은 무엇일까요? 하나님은 단 하나의 방법, 바로 십자가를 제시하셨습니다. 도덕, 철학, 윤리, 종교, 선한 행위로는 인간의 죄를 해결할 수 없습니다. 세상 사람들은 흔히 "죄를 지으면 벌 받고 용서받으면 되지 않느냐"라고 쉽게 말하지만, 죄의 본질을 정의한다면 이는 영원히 용서받을 수 없는 문제입니다. 결코 타협하거나 받아들여서는 안 되는 것이 죄입니다.

하나님의 속성 가운데 의와 공의가 있습니다. 하나님의 의 앞에서는 어떤 불법도, 부정도, 실수도, 부족함도 받아들일 수 없습니다. 만약 하나님의 의에 과오나 부정을 용서한다면, 그것은 더 이상 하나님의 의가 아닙니다. 하나님의 공의 앞에서는 고발과 심판만 있을 뿐입니다. 인간은 이 관점에서 볼 때 구원받을 가능성이 전혀 없습니다. 죽지 않으면 안 되고, 심판받지 않으면 안 됩니다.

그러나 하나님의 속성은 의와 공의뿐 아니라 사랑과 용서도 포함합니다. 사랑과 용서는 무엇을 의미합니까? 아무리 큰 죄를 지었다 하더라도 무조건 용서하는 것이 한없는 사랑입니다. 인간의 죄 앞에서는 하나님의 공의가 요구되지만, 동시에 사랑과 용서는 그 죄인을 살리고 구원하려는 하나님의 의지입니다.

의와 공의, 사랑과 용서가 충돌하는 이 갈림길에서, 하나님은 스스로 아들을 희생시키기로 결정하셨습니다. 죄는 인간이 지었지만, 그 대가와 죽음은 하나님이 직접 감당하셨습니다. 하나님이 스스로 희생하고, 스스로 포기하고, 스스로 죽기로 작정하신 것입니다. 이렇게 함으로써 하나님의 의를 만족시키면서 동시에 인간에 대한 사랑을 실현하셨습니다. 이것이 바로 십자가입니다. 하나님은 아무 가치 없는 저를 살리고 구원하기 위해 스스로 아들 예수를 십자가 위에 두셨습니다.

십자가를 계획하신 하나님의 마음을 이해할 수 있습니까? 이것을 깨닫는 순간 감격과 전율이 밀려오며 하나님의 사랑이 눈에 보입니다. 교리적 지식으로만 알고 있던 하나님의 사랑이 실제적 경험으로 바뀝니다. 이 사랑을 깨닫는 순간 누군가를 사랑할 수 있는 하나님의 자녀가 됩니다. 내가 그랬습니다. 사랑을 받아야 사랑할 수 있다는 말의 의미를 깨달았습니다. "내가 너희를 사랑한 것같이 너희도 서로 사랑하라"(요 13:34)고 말씀하신 예수님의 가르침을 이제야 따를 수 있겠다고 느꼈습니다.

하나님은 이웃을 사랑하는 훈련을 시키기도 하십니다. 아들이 고등학교 3학년일 때의 일입니다. 하루는 아들이 자기 옆 반에 형편이 어려운 친구가 있다며, 집안 사정으로 신문배달을 하며 혼자 살고 있다는 이야기를 했습니다. 그 친구는 아침에 라면 하나로 하루를 버텼고, 때로는 그 라면조차 먹지 못하는 날도 있다고 했습니다. 그러면서 아들이 아내에게 "그 친구를 위해 도시락을 하나 더 싸 줄 수 있을까요?"라고 부탁했습니다.

당시 아들과 고등학교 1학년 딸이 모두 늦게까지 공부하다가 밤 10시가 되어야 돌아왔습니다. 그래서 아내는 매일 두 아이의 점심, 저녁 도시락을 싸 주어야 했습니다. 한 아이 앞으로 두 개씩 매일 네 개의 도시락을 쌌던 것입니다. 이것만으로도 보통 일이 아니었습니다. 그런데 여기에 도시락을 하나 더 만드는 것은 분명 부담이 되었습니다. 그러나 아내는 아들의 부탁을 기특하게 여기며 시장에 가서 도시락 통 두 개를 더 사왔습니다. 그러더니 그날부터 친구의 점심과 저녁까지 매일 여섯 개의 도시락을 준비했습니다. 나도 그냥 보고만 있을 수 없어 새벽에 일어나 밥을 담고 반찬을 챙겼습니다.

아들은 매일 도시락 네 개를 학교로 가져가야 했기 때문에 가방을 두 개나 들고 다녔습니다. 우리는 6개월 이상 이렇게 했습니다. 몇 번인가는 학교 수업료까지 도와주어 그 아이가 무사히 고등학교를 졸업할 수 있도록 했습니다. 지금은 그 친구가 50대 중반이 되었을 텐데, 아직 한 번도 만난 적이 없습니다. 참 착하고 믿음 생활을 잘하던 아이였다고만 알고 있습니다. 지금은 어디에서 무엇을 하고 지내는지 궁금합니다. 이 일은 하나님이 우리 가족에게 이웃 사랑을 훈련시키신 사건이었습니다.

몇 년 전 일입니다. 우리 교회 성도 한 분이 후쿠오카에서 기타큐슈로 전근을 갔습니다. 나중에 들으니 그가 우울증에 시달리고 있다고 하여 그를 위해 기도했습니다. 기도 가운데 하나님이 그를 도우라는 마음을 강하게 주셨습니다. 그래서 이튿날 돈을 준비하여 여러 날 생활할 수 있는 금액을 우편으로 보냈습니다. 보낸 그날 밤에 소식이 거의 없던 그로부터 문자 메시지가 왔습니다. "목사님, 자살하면 지옥에 가나요?"라는, 조금 뜬금없는 내용이었습니다. 나는 거기에 "오늘 낮에 돈을 조금 보냈습니다"라고 답해 주었습니다. 그 이튿날 아침, 다시 그로부터 연락이 왔습니다. 내가 보낸 돈을 받고 한없이 울었다고 했습니다. 나는 '하나님이 나를 보고 계시는구나!' 하는 생각에 온몸이 떨렸습니다. 아마 그도 절규하며 기도했으리라는 생각이 들었습니다.

나 또한 형편이 그리 낫지는 않습니다. 그러나 가끔 기도 중에 하나님이 누군가를 떠오르게 하시며 "도와주라" 하는 마음을 주십니다. 이런 마음도 주십니다. "네가 가진 것이 다 네 것이 아니라 나의 것이라고 고백하지 않았느냐." 즉, 내 것을 주라는 것이 아니라 하나님의 것을 흘려보내라는 말씀입니다. 하나님의 재물의 법칙은 흘려보내면 빈 그릇에 더 많이 채워 주신다는 것입니다. 하늘에 보화를 쌓으면, 땅의 곳간도 하나님의 방법으로 채워 주십니다. 나는 이웃 사랑도 하나님이 나를 통해 하신다고 생각합니다. 그런데 드러나기로는 내가 한 것처럼 보입니다. 괜히 내가 칭찬을 받으니 뿌듯하기도 합니다. 그것조차 하나님께 영광이요 감사할 따름입니다.

하나님을 알면 알수록, 사랑이야말로 모든 것의 핵심이라는 사실을 깨닫습니다. 사랑에 빠지는 것, 하나님과의 아름다운 로맨스를 갖는 것이 이 세상에서 최고의 행복이 아닐까 생각합니다.

누리는 삶: 낙차가 있는 인생 살기

인생을 계획한 대로 살려고 애쓰며 순간순간 희로애락을 느끼는 모습을 '삶'이라고 한다면, 특별한 희망도 없이 생명을 부지하며 하루하루를 흘러가듯 살아가는 인생은 '생존'만 남았다고 볼 수 있습니다. 현대의 많은 사람이 먹고 사는 생활이 너무 빠듯하여, 삶은 멀어지고 생존만 남은 것처럼 보입니다. 나이가 들어 노후 생활을 하다 보면 경제적인 문제 때문인지 생존만 남은 듯 느껴집니다. 삶을 누리는 사람은 젊은이부터 노인에 이르기까지 소수에 불과합니다.

일본의 한 노부부가 연금 생활을 하며 저축 3천만 엔을 가지고 있었습니다. 연금만으로는 생활이 빠듯했기에 예금한 돈을 조금씩 인출하여 쓰는 것이 일반적이었습니다. 그런데 그 노부부가 세상을 떠나고 그들에게 남은 재산을 보니, 저축액이 오히려 4천만 엔으로 늘어나 있었습니다. 연금을 아끼며 일부를 또 저축한 것입니다. 그들은 충분히 누릴 수 있는 삶이 있었지만 전혀 누리지 못했습니다. 단지 생존만을 목표로 살았습니다. 불쌍한 인생 같지만, 그들만의 이야기가 아닙니다. 내 이야기, 내 부모의 이야기일지도 모릅니다. '삶다운 삶을 산다는 것이 정말 쉽지 않구나'라는 생각을 하게 됩니다.

세상적인 사람들이 생각하는 좋은 삶과 그리스도인이 생각하는 좋은 삶은 다릅니다. 그리스도인의 삶은 부, 지위, 명예를 구하는 삶이 아니라 '낙차가 있는 인생'이어야 합니다.

"내가 진실로 진실로 너희에게 이르노니 한 알의 밀이 땅에 떨어져 죽지 아니하면 한 알 그대로 있고 죽으면 많은 열매를 맺느니라"

(요 12:24).

예수님은 밀알의 원리를 말씀하셨습니다. 한 알의 밀알이 땅에 떨어져 죽으면 산다는 것입니다. 여기서 '죽는다'는 말은 '썩는다'는 말로도 표현할 수 있습니다. 밀알이 썩지 않으면 아무 일도 일어나지 않습니다. 그러나 땅에 떨어져 썩으면 사라지는 것이 아니라, 영양분으로 변하여 거름이 되고, 새싹이 돋아 결국 많은 열매를 맺게 됩니다. 밀알의 비밀은 죽음에 있습니다. 그러나 죽기 위해서는, 죽어 열매를 맺기 위해서는 먼저 '떨어지는 일'이 있어야 합니다. 떨어지는 일이 없다면 밀알은 그냥 한 알로 남을 뿐입니다. 그래서 우리 삶이 낙차가 있는 인생이 되어야 하는 것입니다.

그러나 사람들은 다 떨어지기는커녕 높아지려고만 합니다. 그렇게 해서는 열매를 맺을 수 없습니다. 가장 큰 낙차의 인생을 사신 분이 예수님입니다. 그분은 하늘 보좌에서 이 땅으로 내려오는 낙차를 보이셨습니다. 죄 없는 분이 십자가의 길을 가는 낙차를 보이셨습니다. 우리의 삶이 열매 맺기 위해서는 각자 있는 자리에서 낙차의 인생을 살아야 할 것입니다.

헨리 나우웬(Henri Nouwen)은 1996년, 64세의 일기로 세상을 떠났습니다. 그는 《상처 입은 치유자》, 《탕자의 귀향》 등 100권이 넘는 저서를 남긴 대단한 석학이었습니다. 그러나 세상을 떠나기 전 마지막 10년은 하버드 대학교 교수직을 내려놓고 캐나다 온타리오주 리치먼드 힐(Richmond Hill, Ontario)에 있는 라르쉬 데이브레이크 공동체(L'Arche Daybreak Community)에 들어가 장애인 돌보는 일을 했습니다. 그가 끝까지 돌보았던 정신지체 장애인은 '아담'이라는 25살 난 청년이었습니다. 그는 말도 못하고, 걷지도 못했습니다. 옷도 혼자 입을 수 없었습니다. 정신적으로도 심한 장애가 있어서, 자신을 돌봐 주는 사람이 세계적인 학자라는 사실을 알 리가 없었습니다. 그런데도 헨리 나우웬은 전혀 개의치 않고 매일 아침 그의 얼굴을 닦아 주고, 면도해 주고, 머리도 빗겨 주고, 옷을 입혀 주었습니다. 식사 때는 그의 손을 붙잡고 음식을 입으로 가져갈 수 있도록 도와주었습니다. 이런 일을 하는 데만 꼬박 두 시간이 걸렸습니다. 그러나 그는 기쁨으로 이 일을 섬겼습니다. 어느 날 기독교 저술가 필립 얀시(Philip Yancey)가 그를 찾아와 물었습니다.

"박사님, 아직 써야 할 책도 많은데 왜 여기서 이런 일에 매여 계십니까? 이 일은 다른 사람이 해도 되는 일 아닙니까?"

그러자 헨리 나우웬은 이렇게 대답했습니다.

"내가 여기 와서 이 청년을 돕는 것은 그를 위해서 무엇을 해주려는 것보다 오히려 나 자신을 위해 하는 일입니다. 오히려 내가 많은 유익을 얻고 있습니다. 이 아담이라는 청년을 통해 진정으로 사랑한다는 것이 무엇인지, 어떻게 하면 사랑할 수 있는지를 배우고 있습니다."

헨리 나우웬은 캐나다의 한 공동묘지에 작은 비석 하나 세워진 초라한 무덤에 묻혔습니다. 그는 예수를 믿고 낙차가 있는 삶을 살았습니다. 자신의 기념관도 남기지 않았고, 죽어서까지 낙차의 모습을 보였습니다. 낙차가 있는 인생, 위에만 머무르려 하지 않고 밑으로 스스로 내려오는 인생, 남을 위한 인생, 이것이 바로 한 알의 밀알이 땅에 떨어지는 모습이 아닙니까? 낙차가 크면 클수록 힘이 커집니다. 영향력이 커집니다.

아브라함도 조카 롯과 헤어질 때, 윗사람임에도 불구하고 롯에게 모든 우선권을 양보했습니다. 이것이 낙차 있는 삶입니다. 하나님은 낙차가 있는 삶을 좋아하시고 기억하십니다. 롯이 떠난 후 하나님이 아브라함에게 나타나 말씀하셨습니다.

"… 너는 눈을 들어 너 있는 곳에서 북쪽과 남쪽 그리고 동쪽과 서쪽을 바라보라 보이는 땅을 내가 너와 네 자손에게 주리니 영원히 이르리라… 너는 일어나 그 땅을 종과 횡으로 두루 다녀 보라 내가 그것을 네게 주리라"(창 13:14-17).

낙차 있는 삶을 살면, 하나님이 직접 찾아오셔서 축복해 주십니다. 신약의 삭개오 역시 예수님을 만나고 낙차 있는 삶을 살았습니다. 예수님도 하나님의 모습에서 인간의 모습으로 태어나실 때는 말구유라는 가장 낮은 자리에서 시작하셨습니다. 이렇게 스스로 낙차를 보이셨습니다.

아내가 젊었을 때 학교 동창 몇 명과 함께 좋은 일을 한다며 선물을 많이 준비해 고아원을 방문했습니다. 부유한 동창들 사이에서 함게 가게 되었는데, 아이들과 둘러앉아 점심을 먹게 되었습니다. 원장은 손님들이 왔다고 카레라이스와 김치를 특식으로 준비했습니다. 그런데 이상하게도 역겨운 냄새가 나고 토할 것 같았다고 합니다. 동창들은 모두 못 견디고 밖으로 나가 버렸습니다. 그러나 아내는 고아원 아이들에게 실례가 될까 봐 그 자리에 남아 조용히 기도했습니다.

"하나님, 이 역겨운 냄새가 사라지게 해주시고, 카레라이스를 맛있게 먹을 수 있게 해주옵소서."

그러자 신기하게도 냄새가 사라지고 카레라이스가 아주 맛있게 느껴졌다고 합니다. 그것을 본 동창들이 아내를 놀랍게 여겼습니다. 이것 또한 낙차 있는 삶의 모습이 아닐까요?

고난: 나를 성장시키는 시간

살다 보면 삶의 위기도 찾아옵니다. 자연재해가 아니라면, 위기는 대개 자기가 교만하고 어리석은 판단을 했기 때문에 찾아옵니다. 누가복음 15장을 보면, 예수님이 하나님 아버지의 사랑을 '탕자의 비유'로 말씀하셨습니다. 인생을 살아가면서 누구나 탕자의 삶을 살 수 있습니다. 사람이 탕자가 될 수밖에 없는 몇 가지 이유가 있습니다.

첫째, 잘못된 생각을 하기 때문입니다. 상식적이지 않은, 주제 넘는 생각입니다. 아버지에게 두 아들이 있었는데, 둘째 아들이 무슨 생각에서인지 갑자기 자신에게 돌아올 유산을 요구했습니다.

"아버지, 저도 상속받을 자격이 있지 않습니까? 아버지의 재산 중

제 몫을 주세요."

아버지가 살아 계신데 유산을 상속해 달라고 한 것입니다. 이것이 탕자가 되는 첫걸음입니다. 불행의 서막이 열리는 듯합니다.

둘째, 주인을 인정하지 않는 것입니다. 둘째 아들은 아버지를 무시했습니다. 자신을 길러 주고 여기까지 오게 한 아버지에 대한 고마움은 전혀 없고, 아버지를 마치 타인처럼 여겨 무시했습니다. 둘째 아들의 요구에 아버지는 결국 상속분을 나누어 주었습니다. 어쩌면 아버지 생각에는 '네가 이것을 가지고 마음대로 살아 보아라. 인생을 공부하고 철이 들어 다시 돌아오게 될 것이다'라는 교육적 의미가 있었는지도 모릅니다. 둘째 아들은 재산을 받아 먼 나라로 갔습니다. 그의 마음속에는 '아버지의 도움 따위는 필요 없다. 나 혼자의 힘으로 넉넉히 살아갈 수 있다'라는 위험한 생각이 있었습니다. 돈과 건강과 신념만 있으면 뭐든 할 수 있고, 내 인생은 내가 책임질 수 있다고 자신만만했습니다. 아버지 집에는 먹을 것, 입을 것, 잠잘 곳이 넉넉했지만 그는 그것을 귀하게 여기지 않았습니다. 아직 젊은 나이에 어디서 그런 철학을 배웠는지 모르겠습니다. 돈만 있으면 세상이 자신에게 복종할 것이라 착각했습니다. 그는 돈이 좋아서 펑펑 쓰고 낭비했습니다. 이렇게 제멋대로 돈을 쓰는 것은 땀 흘려 돈을 벌어 보지 않은 사람들의 행동입니다. 땀 흘리며 고생하여 번 돈은 결코 낭비하지 않습니다.

사람들은 돈이 있고 권력이 있고 명예와 인기가 있을 때 자기 자신을 제대로 보지 못합니다. 그러나 이런 모든 것이 다 사라지고 인생의 밑바닥까지 추락했을 때, 처음으로 자기 자신을 정직하게 보게 됩니다. 이 아들도 얼마 안 가서 가진 돈이 다 사라지고 말았습니다. 돈이 있을 때는 주변에 친구들이 많았지만, 돈이 떨어지자 모두 떠나가고 혼자 남았습니다. 이제는 스스로 일해야 먹고 살겠다고 생각했지만, 그에게 일거리를 주는 사람은 아무도 없었습니다. 겨우 얻은 일이 돼지를 치는 일이었습니다. 그의 인생이 어디까지 추락했는지 상상이 됩니까? 부잣집 아들이 돼지우리에서 살게 되었습니다. 삶에는 여러 가지 상황이 닥칠 수 있습니다. 누구나 이 탕자와 같은 경험을 할 수 있습니다. 인간은 모두 행복하지 않습니다. 기쁘고 즐거운 일만 있는 것도 아닙니다

둘째 아들은 인생의 가장 밑바닥에 떨어져서야 처음으로 아버지를 떠올리며 눈물 흘리며 울기 시작했습니다. 그는 "아버지 집에는 먹을 것도 많고 일꾼도 많은데, 지금 나는 이게 무슨 꼴인가. 나는 지금 배고파 죽겠구나"라고 한탄합니다. 그는 처음으로 자기 자신을 정직하게 보게 되었습니다. 만약 그가 아버지 집을 생각하지 않고, 자기 자신만 바라보며 계속 추락했다면 아마 자살로 생을 마감했을지도 모릅니다. 그러나 자신의 비참함을 깨닫고 아버지 집을 떠올린 것은 다행이었습니다. 빛을 본 것입니다. 우리에게는 아버지 집이 있습니다. 우리는 버려진 고아가 아닙니다. 탕자의 인생은 영원하지 않습니다. 반드시 끝이 있습니다. 아버지 집에는 행복이 있습니다. 모든 것이 풍족합니다. 아버지 집으로부터 도망쳐서는 안 됩니다. 도망자에게는 갈 곳이 없습니다.

예수님은 이러한 인생의 이야기를 비유로 소개해 주셨습니다. 성경을 보면 수많은 사람의 삶과 생존의 모습을 세밀하게 보여 줍니다. 삶의 위기는 이 세상을 살아가는 누구에게나 찾아옵니다. 의인이라고 해서 이런 위기를 피할 수 있는 것은 아닙니다. 고난과 위기는 마치 비바람이나 폭풍우와 같은 것입니다. 없앨 수가 없기 때문에 고난, 위기, 갈등을 잘 관리하며, 억제하며 지혜롭게 헤쳐 나가야 합니다.

고통에는 두 가지가 있습니다. 단지 나를 괴롭게만 하는 고통이 있고, 나를 철들게 하고 변화시키는 고통이 있습니다. 바쁘게 살아가는 사람에게는 가끔 '쉼표'가 필요합니다. 잠시 쉬어 가기만 해도 많은 실수를 사전에 방지할 수 있고, 고난도 멀리 도망갑니다.

은혜: 감사와 원망의 한 끝 차이

늙으면 새롭게 사는 법을 배워야 합니다. 어떤 사람은 과거의 아픈 기억을 놓아 주지 않습니다. 그런 과거를 떠나보내면 훨씬 삶이 가벼워집니다. 용서해서 가장 득 보는 사람은 용서받은 사람이 아니라 용서한 사람입니다. 계속 분노하고 있으면, 몸도 망치고 영혼도 병듭니다. 분노를 에너지 삼아 무기화해서 싸우는 사람이 적지 않습니다.

삶은 항상 교차로에 있어서 어느 방향을 택할 건지의 연속입니다. 어느 방향을 택하든 우리는 많은 가면을 쓰고 삽니다. 직장 갈 때 쓰는 가면, 동창회 갈 때 쓰는 가면, 교회 갈 때도 가면을 많이 씁니다. 심지어 어떤 사람은 가정 안에서도 가면을 씁니다. 가면을 벗고 때를 닦아 내고, 허물을 벗겨 내고 정직해야 합니다.

그런 의미에서 나는 새벽에 열리는 수산시장을 좋아합니다. 거기엔 가면도 필요 없고, 적나라합니다. 활기찬 모습을 보다 보면 힘도 생깁니다. 새벽시장 안에 우동가게에서 뜨거운 우동 한 그릇 먹으면 새로운 날의 희망이 생깁니다. 감사가 생깁니다. 감사는 감사를 낳고, 원망은 원망을 낳습니다. 감사하느냐 안 하느냐는 내 자유이고 선택입니다. 감사를 선택하면 계속해서 감사와 축복이 따라옵니다. 그러나 작은 일에도 원망하고 불평하면, 이상하게 일할 때마다 원망과 불평할 것들이 눈에 보입니다. 은혜는 조건이 없습니다. 대가 없이 주어집니다. 자격이 없는데도 주어진 것입니다. 어떻게 보면 다른 사람에게 가야 할 혜택인데, 내가 새치기해서 들어온 것처럼 느껴집니다. 내 실력으로는 떨어져야 하고 그 자리에 갈 수 없는데, 생각지도 못하게 붙었고 자리가 생겼습니다. 이렇게 살아났는데 어찌 감사하지 않을 수 있겠습니까? 이것이 은혜입니다.

일본 사이타마현의 어느 보육원은 아이들이 많이 모이는데도 조용하기로 유명합니다. 방음 공사도 일체 하지 않았는데, 소음이 주변에 전달되지 않았습니다. 원장님이 남성인데, 아침에 아이들이 들어올 때 낮은 목소리로 조용히 "오하요 고자이마스"(おはようございます)라고 인사하면, 아이들도 따라서 조용한 목소리로 인사한다고 합니다. 어떤 프로그램을 진행할 때면 각자 원하는 것을 하게 합니다. 그러면 저마다 그림 그리기, 축구, 줄넘기, 미끄럼 타기 등을 합니다. 낮잠도 강제로 재우지 않습니다. 아이가 잠이 오지 않는다고 하면 자

기가 하고 싶은 것을 하게 합니다. 아이들에게 자유를 줍니다. 그 결과 아이들은 전혀 스트레스를 받지 않습니다. 아이들의 정서가 안정되고 조용해집니다. 자유라는 은혜의 결과입니다. 아이들을 건강하게 통솔하는 방법은 정해진 커리큘럼이 아니었습니다. 은혜 속에는 반항이 생기지 않습니다. 감사의 삶이 연속될 뿐입니다.

우리는 세상에서 추격당하듯 살고 있지 않습니까? 성공 시스템, 성취 시스템으로 살아왔기에 당연히 무엇을 얻거나 무엇이 되기 위해서는 노력하고, 행동하고, 실천해야 한다고 생각합니다. 그러나 예수님의 은혜와 진리만이 우리를 자유롭게 해줍니다. 하나님의 은혜는 전적으로 분에 넘치는 것입니다. 우리 힘으로는 도저히 받을 수 없는 것입니다. 은혜는 하나님의 긍휼에 근거합니다. 이것을 깨달을수록 감사가 더 커집니다.

아프리카 잠비아란 나라에 바벰바 부족이 있는데, 이 부족의 범죄율이 거의 '0퍼센트'입니다. 누군가 죄를 짓거나 잘못하면 당사자를 한가운데 앉혀 놓고 부족들이 빙 둘러 모인답니다. 손가락질하고 돌을 던지는가 했는데, 사실 그게 아니라 부족 사람들이 돌아가면서 그 사람에 대한 좋은 기억을 짧게 이야기해 준답니다. 예를 들면, 이런 식입니다.

"언젠가 지쳐 힘들어하는 나를 보고 당신이 미소를 지어 주었어요. 그때 내가 많은 격려를 받았어요, 감사해요."

"우리 아이가 비를 맞고 가는데 당신이 우산을 씌워 주었어요. 그때 감사했어요."

"아버지의 장례식에 당신이 와주어서 얼마나 위로가 되었는지 몰라요. 정말 고마웠어요."

"내가 배고플 때 지쳐서 걸어갈 힘도 없었는데 당신이 내게 옥수수를 주었어요. 감사했어요."

이렇게 그 사람에 대해 기억나는 감사의 말을 한마디씩 전합니다. 모든 사람이 다 말하고 나면 마을 사람들이 함께 용서의 파티를 엽니다. 이런 분에 넘치는 은혜를 경험한 그 사람은 그 후 절대 죄를 짓지 않습니다. 은혜는 죄의 힘을 녹여 버립니다.

하나님의 은혜를 더욱 더 받아들일수록 죄를 압도하는 능력을 갖게 됩니다. 하나님의 은혜의 선물을 감사하며 넘치게 받아들일 때, 죄는 우리를 지배하지 못합니다. 그런데 우리는 교회에서 이런 메시지를 듣고 있지는 않습니까?

"율법을, 하나님의 말씀을 잘 지켜야 한다. 그래야 죄에서 나를 지킬 수 있다."

그러나 죄 많은 곳에 율법을 가르치는 것은 마치 불에 기름을 붓는 것과 같습니다. 역설입니다. 율법적인 설교를 계속 들으면 성도들이 사나워집니다. 인내하거나 절제하지 못합니다. 상대를 사정없이 정죄합니다. 또 서로 경쟁합니다. 하나님의 은혜를 어느 순간 놓치면 자기도 모르게 금방 율법으로 돌아갑니다.

그러나 하나님의 은혜에 대해서 더 많은 설교를 들으면 성도들은 죄를 지배하는 능력을 더 많이 얻게 됩니다. 또 은혜를 받으면 저절로 회개하게 됩니다. 베드로가 밤새 그물을 내렸으나 물고기 한 마리도 잡지 못하고 가족들의 끼니를 걱정하고 있었을 때, 예수님이 "깊은 데로 가서 그물을 내려 고기를 잡으라"(눅 5:4)고 하셨습니다. 거기에 순종한 결과 베드로는 엄청나게 많은 고기를 잡았습니다. 그때 베드로는 예수님께 "주여 나를 떠나소서 나는 죄인이로소이다"(눅 5:8)라고 고백했습니다. 은혜가 임하니까 회개하게 된 것입니다. 은혜가 감사를 불러오고, 또 감사가 은혜를 불러옵니다. 이런 삶이 우리의 인생을 윤택하게 해줍니다.

예수님은 은혜의 새 언약을 주시기 위해 우리 가운데 오셨습니다. 인간의 모든 죄에 대한 하나님의 진노와 노여움이 십자가에 달리신 예수님의 몸에 이미 남김없이 쏟아졌습니다. 그래서 예수님이 마지막에 "다 이루었다"고 선포하셨습니다. 우리의 삶은 예수님이 이 선포를 하신 이래로 새롭게 시작하는 것입니다. 우리가 어찌 감사하지 않을 수 있겠습니까?

감사는 해도 해도 부족함이 없습니다. 감사에는 부작용도 없습니다. 감사가 익숙한 사람도 있고, 낯선 사람도 있습니다. 어떤 이는 감사한데, 절대 표현하지 않습니다. 이것도 문제입니다. 감사는 때에 딱 맞게 표현해야 합니다. 시기를 놓치면 부족한 감사가 될 수 있습니다. 미국 LA에 '또감사선교교회'라는 이름의 교회도 있습니다. 우리 삶이 여기까지 오게 된 것이 기적의 연속이 아닐까요? 기적은 조용히 은밀히 찾아오기도 합니다. 그래서 감사를 놓칠 수도 있습니다. 기도 응답이 이미 왔는데 내가 무감각할 수도 있습니다. 감사도 영적 통찰력이 있어야 놓치지 않습니다.

돌이킴: 때로는 실수하더라도

사람들은 모두가 행복하지 않습니다. 즐거운 일만 있는 것이 아닙니다. 척하며 살고 있습니다. 이런 글을 읽어 본 적이 있습니다. "11층의 여자"라는 제목의 글이었습니다. 아파트 11층에 사는 여자가 이 세상에서 자기만 억울하게 당하고 패배하는 것 같아 이 괴로운 인생을 정리하기 위해 옥상에서 뛰어내렸습니다. 뛰어내리면서 그녀는 보았습니다. 10층에서는 금슬이 좋고 화목해 보였던 부부가 싸우고 있었습니다. 9층에서는 항상 밝고 유쾌하고 잘 웃던 남자가 혼자서 외로워 울고 있었습니다. 8층에서는 남자들과 말도 하지 않는다는 여자가 옆집 남자와 바람피우고 있었습니다. 7층에시는 긴깅하기로 소문났던 여자가 약을 한주먹 먹고 있었습니다. 6층에서는 돈 많다고 자랑하던 남자가 일자리를 찾아 신문 구인란을 뒤적이고 있었습니다. 5층에서는 듬직하고 정직했던 남자가 여자 속옷을 입고 히죽거리고 있었습니다. 4층에서는 원앙 커플로 엄청 사랑했던 연인이 서로 헤어지려고 싸우고 있었습니다. 3층에서는 남녀 관계가 복잡하던 할아버지가 혼자 한숨을 쉬고 있었습니다. 2층에서는 이혼하고 남편을 욕하던 여자가 그래도 전 남편이 최고라고 그리워하고 있었습니다. 11층에서 뛰어내리기 전에는 내가 이 세상에서 제일 불행한 사람이라고 생각했는데, 지금 와서 보니까 사람마다 다 사정과 어려움이 있다는 걸 깨달았습니다. 순간 11층에서 뛰어내린 것이 후회되어 '악!'소리를 질렀더니, 엄마가 놀라서 달려와 그녀를 흔들어 깨웠습니다. 꿈이었던 것입니다. 세상 사람들의 삶을 정직하게 잘 표현한 것 같습니다.

우리는 살아가면서 실수도 많이 합니다. 실수해서 죄를 지으면 하나님께 회개하고 용서를 받지만, 경우에 따라서는 대가를 치러야 합니다. 말하자면 도덕적인 부채는 반드시 정리해야 합니다. 그래야 죄책감에서 완전히 벗어날 수 있습니다.

"도둑질하는 자는 다시 도둑질하지 말고 돌이켜 가난한 자에게 구제할 수 있도록 자기 손으로 수고하여 선한 일을 하라"(엡 4:28).

한번은 에베소서 말씀을 묵상하는데, 나와는 상관없는 말씀이라고 생각하고 넘어갔습니다. 그런데 기도하는 중에 50년도 지난 어떤 사건이 떠올랐습니다. 까마득하게 먼, 무의식 속에서도 잊어버린 사건을 성령님이 생각나게 해주신 것입니다.

내가 중학교 2학년 때 일입니다. 서울 용산구 남영동에 성남극장이 있었습니다. 그곳에서 청소년 영화 '이유 없는 반항'이 상영되었는데, 영화를 좋아하는 친구를 따라 극장에 갔습니다. 그런데 나는 돈이 없었습니다. 마침 친구는 돈이 있기에 이렇게 제안했습니다.

"표 두 장 살 필요 없으니 네 것만 사서 들어가. 그리고 안에 들어가서 비상문을 조금 열어만 놓아 주면 내가 담 넘어 들어갈게."

1950년대 말이었으니까 건물도 허술했고, 길 안 판자로 된 담만 뛰어넘으면 되었습니다. 내 제안대로 친구가 도와주었고, 나는 공짜로 영화를 아주 재미있게 보고 나왔습니다. 아무 죄의식도 없이 '오늘 운 좋았다'라고 생각하고 완전히 잊었습니다. 그런데 50년이 지나서 입장료를 도적질했다는 성령님의 지적이 있었던 것입니다.

나는 곧바로 회개 기도를 했습니다. 하나님께 용서받았다고 생각은 했지만, 지금이라도 입장료를 내지 않으면 안 되겠다는 도덕적 부채 앞에 견딜 수 없게 되었습니다. 당장 도쿄에서 서울까지 갔습니다. 추운 겨울, 버스를 타고 성남극장을 향해 가는데 발걸음이 얼마나 무거운지 땅만 보고 갔습니다. 사람이 죄를 지으면 하늘을 못 보고 땅만 보게 됩니다. 극장 입구에서 뭐라고 설명해야 하나 난감했습니다. 윗사람을 만나 사죄드리려고 봉투에 십만 원을 넣어 준비했지만, 자신이 없었습니다.

드디어 극장 앞에 도착했는데, 극장 건물이 공사 중이었습니다. 공사하는 인부에게 물어보니 6개월 전부터 사무실 빌딩으로 개조한다고 했습니다. 극도로 긴장하고 왔는데, 순간 마음이 놓였습니다. 그런데 안심은 잠깐이었습니다. 도쿄에 돌아와서도 죄책감은 내 마음을 무겁게 짓눌렀습니다. 이제는 이 부채를 갚을 길이 없게 되었습니다. 금전적 부채보다 도덕적인 부채가 사람의 마음을 더 힘들게 하는 것 같습니다.

그러던 어느 날 일본의 생명의말씀사에서 영화 시사회를 한다고 나를 초청해 주었습니다. 시사회를 마치고 카페에서 차를 마시는데, 누군가 내게 자기를 소개하며 기독교 영화를 만드는 데 후원해 달라고 했습니다. 그 순간 '여기에 성남극장 입장료를 내면 되겠구나'라고 생각하고 즉시 일만 엔을 드렸습니다. '아! 이제는 부채를 갚았다'

하고 안도하며 집으로 갔는데, 그것도 잠깐이고, 며칠간 계속 "그건 아니지"라는 생각이 떠올랐습니다. 여전히 죄책감이 남아 있는 듯했습니다. 그래서 마음으로 작정했습니다. 매월 일정 금액을 유학생이나 어려운 사람에게 베풀자 생각하고 후원했습니다. 처음 1년은 죄책감이 엷어지기는 했으나 완전히 없어지지는 않았습니다. 약 2년 정도 됐을 때, 죄책감이 완전히 사라지고 마음이 평안해졌습니다. 그날 영화관 입장료의 백 배는 지불한 것 같습니다. '도덕적 부채가 이렇게 무섭구나'라고 느꼈습니다. 살아가면서 정직해야 하고, 실수가 없어야 합니다. 이렇게 해서 나는 부채 큰 것 하나를 정리했습니다.

'살다 보면 다 살아진다'는 누군가의 말이 생각납니다. 어떤 사람들은 자기가 실수하고 잘못한 일이 있으면 한평생 그 죄책감을 끌어안고 삽니다. 그런데 죄책감 끌어안는다고 실수가 없는 일이 되지는 않습니다. 그러고 보면 우리가 기억하지 못할 뿐이지, 내 삶에도 홈런은 있었습니다. 그런데 끝까지 잊히지 않고 나를 따라오는 기억은 지질하고 실패한 일뿐입니다. 내가 잘못한 것이 있으면 회개하고 값을 치루면 됩니다. 조금 오래 걸리더라도 해결할 부채는 해결해야 합니다. 다만 남이 내게 잘못한 일이 있으면 훌훌 털어 버리면 그만입니다. 남이 내게 잘못한 것 세어 가며 살다가는 얻는 것은 병뿐입니다. 하나님은 그런 것 기억하시지 않습니다. 하나님이 기억할 만한 한 가지 일, 하나님이 '잘하였다, 착하고 충성된 종아'라고 말씀해 주실 만한 일이 나에게 있다면 그래도 제법 잘 산 인생이라고 말할 수 있지 않겠습니까?

죽음: 돌아갈 집이 있다는 기쁨

아파 보면 건강의 가치를 알게 되고, 늙어 보면 시간의 가치를 알
게 됩니다. 젊었을 때에는 식탁 위에 꽃병이 있었는데, 늙어 보니 꽃
병은 사라지고 약병만 잔뜩 있게 됩니다. 아무도 내가 늙기를 바라
지 않았을 텐데, 조용히 늙어 갑니다. 인간의 몸속 장기는 이식 수술
이 가능하지만, 인간의 시간은 이식이 안 됩니다. 이는 시간의 주인
이 인간이 아니라 하나님이시라는 증거입니다. 죽음을 알아야 생명
의 가치를 알게 되고, 떠나는 것, 잃는 것 모두가 인생이 일부입니다.
죽음을 피하고 싶은 것이 인간의 본능입니다. 누구든지 죽을 때가 되
면 조금 더 삶을 연장해 보려고 애를 씁니다. 그러나 어느 누구도 죽
음을 피할 수 없습니다.

"한번 죽는 것은 사람에게 정해진 것이요 그 후에는 심판이 있으리
니"(히 9:27).

어떤 노인이 친구에게 이렇게 말합니다.
"천국에 가면 문 앞에서 두 가지 질문을 받는다고 하네. 첫째, 당신
은 인생을 살아오면서 즐거웠는가? 둘째, 당신은 인생을 살아오면
서 남에게 즐거움과 기쁨을 주었는가?"
한 번쯤은 생각해 볼 질문이 아닐까 생각합니다. 모든 영광과 부귀

를 다 누렸던 솔로몬은, "헛되고 헛되며 헛되고 헛되니 모든 것이 헛되도다"(전 1:2)라고 인생을 술회하며 세상을 떠났습니다. 그가 인생에서 좋은 것을 다 누려 본 뒤 남긴 메시지는 크게 세 가지로 요약됩니다. 첫째, 어떤 인생이든 언젠가는 죽는다는 것을 기억하라는 것입니다. 지혜로운 사람도, 어리석은 사람도, 부자도, 가난한 사람도 언젠가는 다 죽지 않습니까? 둘째, 겸허하라는 것입니다. 사람이 능력 있다고, 노력한다고, 선하다고 해서 다 좋은 결과를 얻는 것이 아니기 때문입니다. 아무리 잘나가는 인생이라도 어느 날 갑자기 재앙이 닥치면 한순간에 나락으로 떨어진다는 사실을 기억해야 합니다. 셋째, 현재를 누리라는 것입니다. 경계를 넘어 가지 말고, 너무 따지지 말고, 주어진 하루하루를 충실히 살아가라는 것입니다. 인생의 결말에 너무 초점을 맞추지 말고, 작은 불행을 현미경으로 확대해서 보지 말며, 남을 도우며, 배려하며 살아가면 우리 인생의 해답도 자연히 얻을 수 있으리라고 생각합니다. 이성적이며 합리적인 것과 영적인 것, 이 양면성을 지니고 사는 것이 인생의 밸런스를 유지하는 데 도움이 될 것입니다.

누구에게나 인생의 끝자락은 찾아옵니다. 아담도, 노아도 죽었습니다. 아브라함도, 다윗도 죽었습니다. 한 시대를 풍미하며 세계를 호령하던, 그 대단하다던 사람들도 마침내는 죽음을 이기지 못했습니다. 죽음에는 순서가 없습니다. 누가 먼저 죽을지는 아무도 모릅니다. 그러나 얼마나 오래 살았는지는 중요하지 않습니다. 무엇을 하며 살았느냐가 중요합니다. 어떤 사람은 일찍 죽었지만 보람 있고 의미 있게 살다가 예수님 곁으로 갔습니다. 그러나 어떤 사람은 오래 살았지만 의미 없이 살다가 삶을 마감했습니다.

얼마나 큰일을 했느냐, 많은 일을 했느냐 보다 더 중요한 것은 하나님이 원하시는 생애를 살았느냐입니다. 우리의 생애에서 가장 의미 있는 것은 하나님의 섭리와 계획에 따라 사는 것입니다. 사도행전에 나오는 스데반은 순수하고 사랑과 칭찬과 존경을 받는 사람이었습니다. 그러나 그의 생애의 목적은 예수님을 위해 순교의 피를 뿌리는 것이었습니다. 그는 사람들이 던지는 돌을 피하지 않고 다 맞았습니다. 그러면서도 천사의 얼굴을 하고 있었습니다. 사도 바울은 율법과 학문에 통달한 지성인 중 지성인이었지만, 학자로서 인생을 살지 않고 이방인을 위해 자신의 삶을 헌신했습니다. 그러나 이들의 삶을 두고 실패한 인생이라고 말하지 않습니다. 오히려 가치 있고 의미 있는 삶을 살았다고 평가합니다. 그들은 하나님이 원하시는 인생이 무엇인지 알았고, 한 목적을 위해 다른 모든 것을 포기하고 살았습니다. 다른 모든 가능성을 포기할 때 내게 주어진 하나님의 뜻을 이루는 삶으로 향할 수 있습니다.

그럼에도 죽음은 애통합니다. 아브라함의 아내 사라는 127세 나이로 헤브론 땅에서 임종을 맞았습니다. 평생 같이 살던 사라가 함께 고통의 고비를 넘어 임종을 맞고 싸늘한 시체가 되었습니다. 아브라함은 그 시체를 보며 애통해하며 눈물을 흘렸습니다. 예수님도 나사로의 죽음을 보고 애통해하셨습니다. 과연 죽음은 무엇일까요? 죽음은 어디서 왔고, 왜 눈물 흘리며 애통하게 하는 것일까요?

인간은 태초에 하나님의 형상대로 지음을 받았기 때문에 죽음을 경험하지 않고 살도록 되어 있었습니다. 즉, 태초에 인간에게는 죽음이라는 것이 존재하지 않았습니다. 그런데 인간이 죄를 지음으로 인해 죽음이 찾아왔고 좌절과 절망과 어둠의 세계가 찾아왔습니다. 인간에게 현실적인 주제는 병, 절망, 두려움, 죽음입니다. 우리는 이것의 지배하에 살게 되었습니다. 죽음이 인생의 끝입니다. 그러나 예수님은 죽음에 정복당하지 않으셨습니다. 그분은 인류의 죄 때문에 죽으셨지만 사망 권세를 깨트리시고 부활하셨습니다.

"사망아 너의 승리가 어디 있느냐 사망아 네가 쏘는 것이 어디 있느냐 사망이 쏘는 것은 죄요 죄의 권능은 율법이라 우리 주 예수 그리스도로 말미암아 우리에게 승리를 주시는 하나님께 감사하노니"(고전 15:55-57).

죽음은 인생의 끝이지만, 예수 그리스도로 말미암아 우리는 사망을 이길 수 있습니다. 부활하고 승리할 줄 믿습니다.

아브라함은 자신을 "나그네요 거류하는 자"(창 23:4)라고 표현했습니다. 아브라함만이 아닙니다. 우리 모두의 인생이 나그네입니다. 그럼에도 우리는 마치 이 세상에서 영원히 주인공으로 살 거라고 생각합니다. 그래서 자기에게 모든 소유권이 있다고 착각하며 삽니다. 여행을 하는 사람은 나그네입니다. 그러나 여행이 즐거운 것은 돌아갈 내 집이 있기 때문입니다. 돌아갈 집이 없다면 노숙자로 방황

할 것입니다. 우리는 인생의 나그네 길을 마치면 돌아갈 집, 즉 하나
님의 집이 있습니다. 그래서 우리는 죽을 때 안심하고 죽을 수 있습
니다. 인생의 마지막에 가족이나 이웃에게 "다음에는 천국에서 만나
요"라는 인사로 이별을 전하고 가면 좋겠습니다.

4부

성령님을 만나다

7장

성령님께 직접 양육을 받았습니다

"바람이 임의로 불매 네가 그 소리는 들어도 어디서 와서 어디로 가는지 알지 못하나니 성령으로 난 사람도 다 그러하니라"(요 3:8).

밤에 은밀히 찾아온 니고데모에게 예수님이 '성령으로 난 사람'에 대한 설명을 위해 해주신 말씀입니다.

우리는 보통 '성령이 임했다'고도 말하고, '성령 세례를 받았다'고도 말합니다. 이 두 표현의 차이는 무엇일까요? 일반적으로 성령이 임했다는 것은, 또 떠날 수도 있다는 것을 의미할 수도 있습니다. 예를 들어, 어느 가정에 온 식구가 예수를 믿는데 아버지만 믿지 않습니다. 그래서 모든 식구가 '아버지가 교회 나가기를, 예수 믿고 구원받기를' 위해 기도합니다. 그 마음이 얼마나 간절하겠습니까? 얼마나 오랫동안 그렇게 기도했겠습니까? 그런데 어느 날 아버지가 느닷없이 이렇게 말했습니다.

"애들아! 이번 주일 나도 교회 가 보겠다."

모두가 놀라고 기뻐했습니다. 이것은 그 아버지에게 성령이 임한 것입니다. 그런데 금요일쯤 되어서 아버지가 또 이렇게 이야기합니다.

"이번 주에는 갑자기 골프 약속이 생겨서 교회 못 가게 되었다."

이것은 성령이 떠나신 것 아닐까요? 성령이 떠나더라도 약속을 잘 지키는 인격을 갖고 계시다면, 골프 약속을 하지 않습니다. 다음 기회로 미룹니다. 이와 같이 성령이 임했다가 떠나가는 경우가 있습니다.

그러나 성령 세례를 받았다 함은 성령이 그 사람에게 임해서 평생 떠나지 않고 함께 동행하며 호흡합니다. 그래서 우리가 성령 세례를 반드시 받아야 합니다. 그때부터 성령님과 소통하게 되며, 구체적으로 인도하심을 받게 됩니다.

내 아내에게는 성령님과 소통하며 방언과 통변 은사가 있었습니다. 아내가 매일 아침 내 손을 잡고 기도할 때, 성령님이 우리 부부를 양육해 주셨습니다. 양육은 약 700일간 계속됐습니다. 그 후 양육이 멈추었으며, 성령님은 우리가 성경 말씀 속에 거할 것을 원하셨습니다. 성령님이 친히 방언과 통변을 통해 양육하시는 것은 극히 이례적이라고 생각합니다. 보통 있는 일이 아니었습니다. 그래서 매일 양육 받은 내용을 일기장 쓰듯 기록해 보았습니다. 그중 몇 가지를 소개하려고 합니다. 양육 받은 날짜도 함께 기록하겠습니다. 가장 첫날이 1986년 12월 5일이었습니다.

<u>1986. 12. 5.</u>

참으로 너를 오늘까지 바로 인도하는 자가 없었다. 너의 목자도, 부모도 너를 인도하지 못했다. 이제 내가 안타깝게 네 마음 열기를 바란다. 나는 너를 위해 많이 기다렸다. 항상 기회가 있는 것이 아니다. 네가 내 마음을 참 안타깝게 하였다. 마음의 문을 열고 회개하여라. 육체의 죄에 앞서 하나님으로부터 떨어져 있었던 것, 온전히 향하지 못했던 것, 이것부터 먼저 회개하여라.

사랑하는 아들아! 나는 네가 돌아오기를 기다렸다. 언제까지 나에게 돌아오기를 주저하며, 나를 문 밖에 세워 두겠느냐. 매일 아침의 네 기도를 듣는다. 머리로 하지 밀고 네 마음으로 기도하기를 바란다. 나는 네 마음속에 들어가려 해도 네가 문을 꼭 잠그고 있으니 어떻게 들어가랴. 나는 너를 사랑한다. 사랑은 일방적이 아니지 않느냐. 서로 주고받는 것이며, 주어도 주어도 부족하게 여겨지는 것이 사랑이 아니냐. 먼저 마음의 문을 열기를 바란다. 머리로 기도하고 마음으로 기도하지 않으면, 내가 그 기도를 받을 수 없다.

나는 사람을 의식하는 믿음, 경건의 모양, 외식하는 자를 좋아하지 않는다. 너는 복잡하게 생각하지 말고 단순하게 내게 모든 것을 맡기고 의지해야 한다. 왜 아직도 내게 맡기지 못하느냐? 진정 마음을 열고 회개하지 않고서는 나를 영접했다고 할 수 없으며, 나를 영접하지 않은 자는 하늘나라에 들어갈 수 없다. 나는 너를 위해 십자가에 못 박히지 않았느냐. 왜 너는 아직도 깨닫지 못하느냐. 내가 다시 십자가에 못 박혀야 하겠느냐. 복잡하게 생각하지 말고, 어린아이처럼 생각하며 어린아이와 같은 믿음 갖기를 원한다.

매일 마음의 문을 열게 해 달라고 기도하여라. 너는 스스로 베데스다 연못가의 38년 된 중환자의 모습이라고 깨닫고 있으면서도, 왜 생수에 들어가기를 주저하느냐. 깨어라. 깨달아라. 문을 열어라. 기회가 항상 있는 것이 아니다. 기회 있을 때 깨달아라. 네 하나님 아버지를 진정으로 사랑해라. 오로지 마음을 나를 향하여 두어라. 사랑하는 아들아, 하늘의 축복을 너에게 주노라. 너에게 평안이 있을 것이다.

<u>1986. 12. 12.</u>

네 마음속을 넘어서 내가 보았다. 내가 너를 아름답게 만들었다. 네가 그 진흙탕에서 버려졌는데, 내게로 돌아오니 나는 기쁘다. 사랑하는 아들아, 나에게 오는 시간이 너무 오래 걸렸구나. 영혼 하나를 구하면 우리가 얼마나 기뻐하는지 아느냐? 네 영혼이 구원받아 지금 하늘의 종이 울고 있으며 천군천사가 기뻐하는구나. 오, 아들아. 나는 기쁘다. 네 가정에 준 선물은 그리 흔한 것이 아니다. 이 선물은 착하고, 나를 사랑하고, 마음을 열고, 인내할 수 있는 자에게 주는 것이다. 너희가 아직 얼마나 큰 선물인지 깨닫지 못하고 있는 것이다. 나는 너희의 찬양 받기를 원한다. 너희 가정에 빛을 비추리라. 하늘의 축복을 주노라. 이 시간 하늘에 매인 것을 다 풀었다. 땅에 있는 것도 이제 다 풀어 주겠다. 처음부터 풀어 주고 싶었으나 네 영혼을 구하기 위해 오늘까지 기다렸다. 물질도 줄 것이다. 작든 크든 모

든 일에 네 생각은 뒤로하고, 나에게 먼저 상의하고 지혜를 구하여라. 네게 큰 물질을 줄 것이며, 감당할 수 없을 만큼 줄 것이며, 폭포수와 같이 쏟아줄 것이니, 내 사업을 위해서 잘 쓰도록 하라. 이제부터 모든 일을 내게 맡기는 훈련을 하도록 하여라.

1986. 12. 13.

내가 너희 마음에 천국의 비밀을 알려 주겠다. 천국의 열쇠를 주겠다. 마음이 선한 자에게 주는 것이며, 너를 믿고 주는 것이니 잘 사용하여라. 너는 일대일로 영혼을 구원시키는 일에 애쓰도록 해라. 네가 말할 때 하늘의 지체를 줄 것이디. 때가 몹시 급하나. 너의 일 시작하기 전에 나에게 시간을 바치는 것이 믿음이며, 나를 사랑하는 것이다. 네가 아침에 전화를 하려다 그만두고 나에게 먼저 기도하지 않았느냐. 나는 이런 것을 좋아한다. 큰 물질이나 자기 이름을 내놓는 것보다, 네 이 작은 것이 나를 기쁘게 한다. 아들아, 이제 너는 영혼을 구원하는 일에 열심을 다하여라. 선교한다고 깃발을 내세우고 나가면 다 되는 줄 아느냐. 먼저 자기 영혼이 바로서지 않고, 어떻게 남의 영혼을 구원한단 말이냐. 집을 지을 때 기초가 없는 집이 있느냐. 설계를 하고 기초를 튼튼하게 세우고 집을 짓는다. 그런데 기초 공사에 넣어야 할 것을 빼면 그 집은 쉽게 무너진다. 모래 위에 세운 집이 아니냐. 영혼이 바로 서지 못한 자는 환난과 연단에 쉽게 무너진다.

<u>1986. 12. 16.</u>

흑암이 혼돈할 때 나는 말씀으로 천지를 창조하고, 질서를 세우고, 아름답게 만들었다. 이때의 말씀은 사랑이었다. 지금도 마찬가지다. 문명이 발달하고 과학이 발전하고 있으나, 이 세상에는 광명이 없고, 흑암에 덮여 혼돈하구나. 이것을 밝게 하는 것, 질서를 잡는 것은 사랑밖에는 없다. 마음의 문을 열면 우주를 소유하게 되고, 내 마음에 우주가 있기 때문에 너와 내가 함께 거할 수 있는 것이다. 이 진리를 잘 이해하도록 해라(계 3:20).

내가 모든 자를 위하여 십자가에 못 박혔고, 못 박힌 곳, 피 흘린 곳 하나하나가 나의 사랑이다. 믿는다고 하는 많은 자들 마음의 벽과 벽이 붙었다. 그 벽이 별것 아닌 자기 몸무게보다 훨씬 무겁고 두텁다. 그들 마음의 문을 내가 피 흘린 손으로 두드려도, 안쪽에서 문고리를 결사적으로 잡아당기고 있구나. 오, 안타깝다. 딱 붙어 버린 마음속에 내가 어떻게 들어간단 말이냐?

내가 십자가에 높이 매어 달린 것은 모든 사람에게 보이기 위함이었다. 내 십자가를 나타내어야 할 교회들이 담을 높이 쌓고 있으니, 교회 밖 소외되고 가난한 자들이 내 십자가를 처다볼 수가 없구나. 너희에게 경제적인 발전을 주었건만, 내 뜻대로 쓰지 않고, 교회를 경쟁적으로 넓히고 담을 높이 쌓고 있다. 가난한 시골 교회로 생각을 돌려라. 내가 너희에게 지금 있는 곳에서 떠나라고 하는 것은, 잎이 시들어 버린 나무를 다시 살리는 것보다 다시 씨를 심어 자라게 하는 것이 더 빠르기 때문이다. 새 교회에서 처음부터 믿음 생활하기를 원한다.

영혼을 애통히 여기는 목자가 되어라. 소돔과 고모라는 악인이 많아서 망한 것이 아니다. 의인이 없어서 망한 것이다. 때가 급하다. 몹시 급하다. 휴거는 깜짝할 사이에 이루어질 것이다.

<u>1986. 12. 19.</u>

신학이라는 이름 아래 나를 사람의 생각으로 축소시키고, 사람과 동격으로 만들기도 하는구나. 성경 속에만 나를 가두어 놓고, 성경 속에서만 나를 만나고 있다. 그러나 나는 천지를 창조한 전능한 신이다.

너희가 말한 대로 땅 끝에서는 많은 영혼이 죽어 가고 있다. 저 수많은 영혼, 올바른 목자가 없어 죽어 가는 저 영혼들이 안타깝다. 오히려 중국이나 북한처럼 억압받는 땅에서는 목자가 없어도 양들끼리 잘도 자라고 있다. 너희는 자유롭고 먹을 것도 많고 물질이 풍부하고 편안한데 왜 이렇단 말이냐? 과거에 가난했던 시절로, 자유가 없던 그때로 다시 돌아가야 하겠느냐. 때가 급하다. 지금 마지막 때이다. 깨어서 기도하는 자들은 들을 것이다. 휴거는 깜빡하는 사이에 일어나는 것이다. 많은 사람이 들려 올라와 사랑의 정점, 사랑의 극치를 볼 것이다. 때가 마지막이니 준비를 잘하도록 하여라. 오늘 내가 너와 함께하겠다. 평강이 있을지어다.

성탄절을 맞이하여 "지극히 높은 곳에서는 하나님께 영광이요 땅에서는 하나님이 기뻐하신 사람들 중에 평화로다 하니라"(눅 2:14)는 말씀을 너희에게 준다. "하나님이 기뻐하신 사람"이 중요하다. 생명으로 인도하는 길은 좁으나, 자꾸 깊이 들어가면 넓어지고 천국으로 이어지며 영생으로 인도된다. 그런데도 좁은 길의 입구는 가시덤불로 덮여 있어 이리로 오는 자가 적다. 그런데 너희에게 이 길이 들켰구나. 이 길을 통과하는 것은 세상의 고시 공부나 그 밖의 어떠한 시험보다도 합격하기가 어렵다. 생명나무를 지키는 화염검이 있다고 했지? 그것은 좁은 길이며 가시덤불이다.

나를 추상으로 믿고서는 순교할 수 없다. "믿음은 바라는 것들의 실상"(히 11:1)이라고 하지 않았니. 추상적으로 바라보는 것은 믿는 것이 아니다. 이 세상에서 천국으로, 천국에서 영생으로 이어지는 길이 있음은 추상이 아니고 실상이다. 너희가 이 천국의 열쇠를 갖고 있다. 그것은 나의 십자가다. 이번 성탄절에 네 집에 내가 함께 거하겠다. 많은 사람이 선물을 받고 먹고 마시며 나를 생각지도 않는다. 물질을 먼저 생각하며 기대하고 있으니 내가 어떻게 그들과 함께 지낼 수 있겠느냐. 오늘 네 가정에 축복이 있을지어다.

목자들은 하와가 뱀의 유혹에 넘어가 인간이 범죄했다고 가르치면서, 정작 자신들도 하와가 당한 세 가지 유혹에 넘어가고 있다.

“보암직도 하고”: 목자들이 아름다운 성전을 건축하기 원하며 높은 건물, 다른 목자들보다 더 크고 아름다운 성전을 짓기를 무리하며 하는 것은 ‘보암직도 한’ 유혹에 넘어간 것이다.

“먹음직도 하고”: 경제적으로 살찐 자들의 음식을 좋아하며, 일꾼을 뽑을 때 자기에게 경제적으로 도움을 줄 자를 먼저 생각하며, 또 그들은 돈으로 목자의 마음을 사서 그것을 통해 축복받기를 원하고 있는 것이다. 이러한 자들은 축복을 좋아하고 목자를 찾아다닌다. ‘먹음직도 한’ 유혹에 넘어간 자들이다.

“지혜롭게 할 만큼 탐스럽기도 한”: 목자들은 학위를 좋아하며, 요새 양들은 박사 목사를 원한다고 하니, 그것은 그들이 양들에게 더 잘 대접받기 위함이다. 세상의 학위가 있으면 천국에서 높다더냐. 이 마지막 때에 사탄이 우는 사자같이 덤벼들어 양들을 물어 가는데, 어찌 목자들이 깨어 기도하지 않고 금식하지 않고 학위를 받기 위해 정신을 팔고 있단 말이냐! 박사 학위를 받고 섬기려는 것이 아니라, 좀 더 높이 섬김을 받으려는 자들은 ‘지혜롭게 할 만큼 탐스럽기도 한’ 유혹에 넘어간 자들이다.

“내가 세상에 화평을 주러 온 줄로 생각하지 말라 화평이 아니요 검을 주러 왔노라”(마 10:34)라고 한 말씀을 기억해라. 칼은 모든 것을 잘라 내고 도려 내고, 찌르며 쪼개는 역할을 한다. 내가 주는 것은 말씀의 검이며 사랑의 검이다. 목자들이 내 말씀의 검으로 골수를 쪼개 말씀이 들어가매 아들과 아버지, 딸과 어미, 시아버지와 며느리 등 불화가 일어난다고 말한다. 그것도 맞지만 부족하다. 불화가 일어나는 원인은 서로의 불이해, 미움, 증오, 멸시, 억압, 굴레, 타습 같은 것이 아니겠느냐. 이것을 말씀의 검, 사랑의 검으로 자르고 도려내며 쪼개는 역사를 하여, 결국에는 놀라운 화평의 관계를 갖게 되는 것이다.

나는 스스로 있는 자인데, 목자들이 주석을 찾고 설교 예화집을 보고 나를 설명하는구나. 깨어 기도하면 그 뜻을 깨달을 수 있도록 지혜를 더하겠건만, 그들이 사람이 지은 책으로 나를 사람들의 생각에 맞추는구나.

1987. 2. 11.

이 마지막 때에 믿는 자를 볼 수 있을까? 나를 영접하면 되는데, 그렇게 자신을 버리고 나를 믿는 것이 어려운 것이냐? 너희 교회가 새로 오는 자들에게 나를 영접시키는 일을 하지 않고, 그저 설교로 족하니 그들이 어떻게 나를 알 수 있겠느냐. 십자가, 천국, 지옥, 영생, 성령 같은 것은 새 신도에게 특별히 잘 가르쳐도 알기 어려운 것인데, 어찌 설교로 족할 수 있단 말이냐.

교회는 자라고 뻗어나가야 하며, 나누어야 한다. 결코 터줏대감 노릇해서는 안 된다. 소유 의식을 가져서도 안 된다. 깊은 역사 같은 것은 자랑할 것이 못 된다. 가령 교회에 빛을 지닌 자가 늘어서 교인이 100이 되었다 하자. 그런데 그 빛이 '우리끼리 여기 뭉쳐 있자' 하면서 서로서로 손잡고 지내면 저 어두운 곳에는 누가 빛을 전한단 말이냐. 빛이 100이면 10은 이곳에 남고, 90은 흩어져야 한다. 그 빛들이 아홉 곳의 개척 교회에 10씩 들어가면 더 많은 곳을 비출 수 있다. 내가 내 제자들을 다 떠나보내지 않았느냐. 사도 바울이 교회를 세우고 떠나기를 거듭하다가 로마 감옥에까지 가지 않았느냐. 이와 같이 떠나야 한다.

떠나지 않으면 죽은 교회가 되어 버린다. 갈릴리 바다의 물을 요단 강을 통해서 받는 사해를 보아라. 다른 곳으로 흘려보낼 줄 모르니까 죽은 바다가 되어 버렸다. 샘물을 자꾸 퍼 쓰지 않으면, 그 샘은 더 이상 물을 낼 수 없는 곳이 된다. 교회에 대한 나의 뜻은 이것인데, 요즘 교회들은 규모만 커지고 있다. 사람 모이는 숫자, 헌금 액수에 신경을 쓴다. 물론 그들이 구제 사업을 안 하는 것은 아니다. 그러나 먼저 빛을 나누어야 한다. 장로, 권사가 떠나 미자립 교회를 도울 때 그 목자가 얼마나 힘을 얻겠느냐. 그들에게 빛을 나누어야 한다. 그래야 그들이 일어나 빛을 발하는 자들이 늘어난다. 이것이 나의 뜻이다. 사람에게 보이기 쉬운 믿음, 경건의 모양으로 흐르기 쉬울 때, 다시 새로워지는 계기가 되며, 새로운 기도 제목으로 나를 만나며 그 믿음이 새로워지고, 나에게 열매도 맺게 해주지 않겠니. 이것이 나의 기뻐하는 것이다.

아들아! 너는 30년간 교회 다니면서 나를 영접시키는 교육을 받아 본 일이 있느냐. 30년간 믿어 오면서 내게 어떤 열매를 맺었느냐. 오늘 밤에 내가 온다면 예복이 준비되었느냐? 성경에서 보아 잘 알고 있지? 임금이 잔치를 베풀고 많은 자를 청했는데 예복이 준비되지 아니한 자는 쫓겨났지. 너는 예복을 잘 준비하도록 하여라.

<u>1987. 2. 20.</u>

너희는 아브라함을 믿음의 조상이라 부르고 의인이라 칭한다. 그러나 그는 의인이 아니다. 내가 그를 의인으로 만들고 은혜를 베푼 것이다. 그는 광야에서 고통의 기간을 보냈다. 내 약속을 의심하기도 하였지. 그러나 내가 은혜를 베풀어 선하게 했으며, 의롭게 하여 믿음의 조상으로 세웠다. 너희는 내가 일방적으로 택하여 사랑하고 은혜를 베푼 존재다. 사람으로서는 아무도 의인이 없다. 모두 죄인이며, 죽을 수밖에 없는 너희를 내가 택하여 의롭게 하는 것이다. 매일 말씀을 대하고, 깨어 기도하여 날로 성장해 가도록 해라. 믿음이 무엇이냐. 믿음은 바라는 것의 실상이며, 들음으로 자란다.

<u>1987. 2. 23.</u>

사람이 하는 것은 한쪽이 유익이면 다른 쪽은 손해이지만, 내가 계획하는 것은 모두에게 유익이다. 믿음의 조상이 그랬듯이 내 말을 들어라. 그도 이해할 수 없었지만 순종하였다. 시간이 지나서야 그 일을 이해하였고 큰 축복을 받았다. 먼저 이해하고 설명할 수 있는 것을 믿는 것은 믿음이 아니다. 이해할 수 없는 것을 믿고 따르는 것이 순종이다. 이해는 나중에 해도 늦지 않다.

<u>1987. 2. 25.</u>

아들아! 네가 나를 사랑하느냐? 네 목숨을 바치기까지 나를 사랑하느냐? 나는 너를 위해 십자가에 못 박혀 죽었고, 다시 부활하여 사

망을 이겼다. 네 마음을 성결케 하고 거룩한 생활을 하여 빛을 비추기 바란다. 너 스스로 빛을 발할 수 없으며, 내 빛을 받아야 한다. 너희 깨끗한 마음이 잘 닦은 거울처럼 되었을 때 내 빛을 받아 반사시켜 다시 어두운 곳에 비출 수 있다.

이 마지막 때에, 어둠이 짙어지고 있는 이때, 새벽이 가까이 오고 있는 이때에 교회들은 무엇을 하고 있단 말이냐. 부흥회하고 잔치하고 있느냐. 너희가 그러는 동안 어두운 곳에는 누가 빛을 비추어 준단 말이냐. 어둠을 이해하고, 불쌍히 여기고, 사랑하는 마음을 갖고, 빛을 비추어야 한다. 나는 악인이나 선인이나 가리지 않고 비를 뿌리고 햇빛을 비춘다. 내가 만든 인간이 나를 알든지 부정하든지, 나는 그들을 사랑한다. 자기가 낳은 아이를 사랑하지 않는 부모가 있느냐. 오히려 반항하는 탕자를 더 기다리며 사랑을 버릴 수 없듯이, 나도 그와 같다. 너희는 내 빛을 비추는 등대가 되어라.

<u>1987. 3. 2.</u>

태초에 인간은 순종과 불순종의 갈림길에서 불순종을 택하였고, 죄가 들어오게 되었다. 불순종하면 죄가 들어오고, 나와 거리가 점점 멀어져 어둠과 친해진다. 순종이 제사보다는 낫다 하지 않았느냐. 순종하는 자는 내 안에 거하게 되며, 하늘의 뜻을 알게 되고, 내가 주는 평안과 기쁨과 축복을 받게 된다.

목자는 나와 인간 사이에 있는 것이 아니다. 인간은 모두 평등하며, 위도 아래도 없다. 단지 사역이 다를 뿐이다. 목자들은 더욱 순종하는 모습을 보여야 하며 성도들에게 군림해서는 안 된다. 목자일수록 남을 섬기는 본이 되어야 한다. 그래서 목자를 하나님의 종이라 하지 않느냐. 종은 남을 잘 섬겨야 한다. 내가 그 본을 보이지 않았느냐. 깨어 기도하는 자여! 청함을 받은 자는 많으나 택함을 받은 자는 적다. 예복을 준비 안 한 신부가 어찌 택함을 받을 수 있겠느냐! 슬기로운 다섯 처녀가 등불과 여분의 기름을 준비하고 신랑을 맞지 않느냐. 예복을 준비해야 한다.

스스로 모든 짐을 지고 가려는 어리석은 인생에게는 절망과 좌절이 있을 뿐이다. 달리는 차 안에서 더 빨리 가려고 뛰는 자가 있느냐. 달리는 차 속에서 자기 짐을 그대로 짊어지고 있는 자가 있느냐. 어리석다. 왜 내게 맡기지 못하느냐. 너희에게 불안, 초조, 근심, 염려가 오는 것은 내가 준 것이 아니다. 근심하지 마라. 믿고 바라라. 하나님의 연자 맷돌은 천천히 돌지만 완전히 부수고 간다. 하지만 사람의 연자 맷돌은 빨리 돌아가나 온전히 부수지 못하니 남는 것은 실패뿐이다.

기도는 조용한 혁명이다. 혁명, 변화, 발전은 기도 위에 역사한다. 믿고 구하여라. 야곱을 보아라. 20여 년을 속고 속이다가 얍복강가에서 환도뼈가 일그러질 정도의 열심 있는 기도를 하지 않았니. 내 바짓가랑이를 잡고 "축복해 주지 않으면 놓을 수 없습니다"라고 하며 죽을힘을 다해 몸부림치던 그의 기도를 배워라. 너도 그와 같은

기도를 하여라. 그 후 야곱은 이스라엘이라 칭함 받고 평안히 지내게
되었다.

땅의 지혜는 쌓이면 그때 주겠다 한다. 남은 죽더라도 나만은 살고
자 하며, 낮아지지 않고 누구보다 자신을 높이려고 한다. 그러나 하
늘의 지혜는 먼저 주면 더하여 주고 차고 넘치도록 주며, 죽고자 하
면 살겠고, 낮아지겠다고 하면 높인다. 이 땅과 반대다. 모두에게 알
리고 돕는 것, 내 이름을 내걸며 돕는 것은 나와 아무 상관이 없다. 은
밀한 가운데, 오른손이 하는 것을 왼손이 모르게 하는 것이 중요하
다. 나 아니면 도와줄 자가 없다고 생각될 때 그를 도와주는 것이 좋
다. 은혜를 베풀 때 장차 나에게 보답이 올 것을 생각하며 베푼 것은
은혜가 아니다. 도저히 나에게 다시 갚을 수 없는 상태라는 것을 알
면서도, 도움의 손길을 베푸는 것이 진정한 은혜다.

사랑은 베푸는 것이다. 사랑을 주면 또한 받는 자가 있으며 기쁨
이 넘치게 된다. 여기 열 사람이 있는데, 모두가 사랑을 받기만 하겠
다고 기다리면 아무에게도 사랑이 오지 않는다. 그러나 그중 한 명이
마음을 바꿔 옆 사람에게 사랑을 전하고, 그 사람이 받은 사랑을 전
하면 그 안에는 놀라운 사랑의 역사가 일어날 것이다. 자꾸 퍼 주어
야 솟아나는 샘물처럼, 사랑을 주어 보아라. 결코 메마르지 않는 생

명수에서 사랑이 넘쳐날 것이다. 나는 사랑이다. 한 곳에 머물러 있지 않는다.

허물 많던 사람을 사랑하면 그 허물이 점점 작아지고 보이지 않는다. 그것이 사랑이다. 남의 허물을 입으로 옮기지 말아라. 허물 있는 자를 위해 기도하여라. 나는 이 세상에서 사랑을 베푸는 본을 보였다. 십자가에서 내 생명을 내어주기까지 인간들의 허물을, 너희의 죄를 덮어 주는 사랑을 베풀었다. 남의 허물을 이야기하지 마라. 태초에 범죄했을 때 그들이 남의 허물을 들추지 않고 덮어 주었다면, 그렇게 고통받지는 않았을 것이다. 정치하는 자들이 남의 상처가 아물기도 전에 또 허물을 헐뜯고, 상처를 내고 있다. 그 속에 사랑이 없으니 세상이 어려워지지 않겠느냐.

<u>1987. 3. 10.</u>

아들아! 근심과 불안은 내가 주는 것이 아니다. 내가 너에게 준 방대한 일을 흐리게 하는 것은 마귀의 짓이다. 마귀는 의심을 불러일으키고 이해되지 않게 하여 확신을 흐리게 한다. 내가 너에게 알려 준 것은 분명한 것이며, 지울 수 없는 것이니 믿음을 갖고 기도하도록 하여라. 믿음의 조상들을 보아라. 아브라함이 가나안에 이르기까지 무수한 연단이 있었고, 의심도 있었지만, 결국 나를 믿는 믿음으로 크게 이루었고, 믿음의 조상으로 세워졌다. 야곱을 보아라. 광야에서 돌단에 기름 붓고, 제사 지내며 내가 그와 함께함을 믿고 살아갔다. 요셉을 보아라. 애굽의 국무총리가 되기까지 그 연단 가운데서

나를 바라보며 믿었다. 노아를 보아라. 모두가 먹고 마시고 인생을 즐길 때에 자기 삶을 온통 내어놓고 나를 믿는 마음으로 방주를 지었다. 장기간 방주를 지으며 그의 마음에 왜 회의가 없었겠느냐.

아들아! 무엇이 너를 속상하게 하느냐. 무엇이 너를 불안하고 초조하게 만드느냐. 그것은 틈을 노리는, 이론적으로 설명하며 이성을 내세우는 마귀의 짓이다. 너는 이제 믿음을 갖지 않았느냐! 매일 말씀을 보며 무섭게 성장하고 있지 않느냐. 그동안의 네 빈 구석들을 믿음으로 다 꼭 채우기를 바란다. 나는 네 현재와 미래를 다 보고 있다. 연단 기간 너희가 병으로도 고생하며 어려움이 많았지만, 너희 부부가 서로 위로하며, 참으며, 자녀들을 주 안에서 양육하며, 고통 가운데 나를 향했던 너희 모습들이 아름답다.

세상의 부와 명예를 가졌다 한들 그가 죽으면 그 재산이 다 누구의 것이 되겠느냐. 하늘을 소유하지 못한 자는 아무것도 가지지 못한 것이다. 아들아, 우주에 거하는 내가 네 안에 함께 있지 않느냐. 너는 모든 우주를 소유한 자며, 세상보다 더 큰 것을 소유한 자다. 내가 함께한다는 것이 얼마나 귀한 것인 줄 아느냐. 천지를 창조한 내가 네 아버지 아니냐. 아버지가 자식에게 좋은 것을 주려고 하는 것은 당연하다. 네가 내 자녀가 된 것은 네가 나를 사랑했기 때문이 아니요, 내가 너를 사랑했기 때문이다. 잊지 말아라. 내가 너를 먼저 사랑하였다. 내 아들의 생명을 주고 너를 산 것이다. 내가 너를 불꽃같이 지켜 주며, 너와 항상 함께할 것이다. 그러니 걱정할 것이 무엇이냐!

근심과 불안이 생길 때 기도로 물리치도록 하여라. 너희 믿음이 온전해지도록 말씀을 읽고, 듣고, 채워 나가도록 하여라. 믿음은 보이지 않는 것을 보이는 것처럼 바라보는 것이다. 내가 이루리라 한 것이 비록 보이지 않는다 하더라도, 믿음을 갖고 바라라. 믿고 기도하여라. 역사할 것이다. 너의 소망이 흐려지면 역사하는 힘이 약해진다. 물리치고, 열심히 기도하여 역사함을 얻어라. 말씀 위에 굳게 서서 믿음을 지키며 나가도록 하여라.

1987. 3. 11.

내가 너희를 귀히 쓰는 금 그릇으로 만들기를 원한다. 금 그릇이 되기 위해서는 불에 넣어 달구어 불순물을 제거해야 한다. 아름다운 모양을 만들기 위해 긁어 낼 것은 긁어 내고 두드려 온전히 만들어야 한다. 내가 너희를 들어 쓰기 위해 다듬고, 깎고, 불에 넣고 연단하는 것이다. 이 고통은 축복이다. 그 축복이 너희에게 가까이 왔다. 그동안 긴 연단을 잘 참아 왔다.

나는 얼룩지고, 모가 나고, 보기 흉한 그릇을 원치 않는다. 기도하며 말씀 위에 굳게 서며 쓰기에 합당한 그릇이 되기를 원한다. 많은 믿음의 조상들도 때로는 의심하며 회의도 느꼈지만, 끝까지 믿음을 지켜 왔다. 아들아! 속상할 때, 의심이 생길 때, 근심이 생길 때 나에게 기도하여 곧 평안을 찾아라. 나의 연자 맷돌은 천천히 돌아가지만 마침내 완전히 부순다는 것을 잊지 말아라.

<u>1987. 3. 15.</u>

오른손이 하는 것을 왼손이 모르게 도와야 한다. 결코 네가 주는 것이 아니라, 내가 주는 것이다. 너는 전달자에 불과하다. 네가 가진 모든 것이 내 것임을 알 것이며, 너희는 빈손으로 와서 빈손으로 가는 인생임을 잊지 말아라. 도와주며 이유를 달지 말 것이며, 나중에 어떻게 되었나 따지지 말고, 계산하거나 이치를 따지지 말아라. 나중에 받기를 생각하며 베푸는 것은 나와 아무 상관이 없다. 네 것이 아닌 내 것으로 주는 것이니 명심해라. 절대로 내세우거나 교만하지 말아라. 네 기도의 제목이 올바른 물질의 개념을 소유하는 것이 아니냐. 앞으로 이것을 마음에 새겨 두도록 하여라

<u>1987. 3. 21.</u>

너희가 날마다 성장하며 이웃을 사랑하려고 애쓰는 모습에 내가 기쁘구나. 내가 십자가에 피 흘려 죽은 것이 보람이 있었다. 나는 돌아오는 영혼이 있을 때 기쁘다. 십자가의 고통의 터널을 지나지 않고는 나를 만날 수 없다. 연단을 끝까지 잘 견디며 말씀으로 양육되고 기도로 모든 것이 이루어질 때까지 열심을 다하여라.

축복을 받은 많은 믿는다고 하는 자들이 어려움이 닥치면 나를 떠난다. 나를 만나려면 십자가 고난의 터널을 통과해야만 한다. 네 영혼이 구원받은 것에 그치지 말고, 네 형제들의 영혼을 구하는 데 열심으로 기도하며 생명줄을 던져라. 너무 오래 악에 속하여 살면 그 영혼이 나병에 걸린 것 같아서 악과 어우러지고 감각이 없으며 기쁨

도 슬픔도 느끼지 못하는 불쌍한 지경이 된다. 그들을 위하여 기도하여라.

1987. 3. 25.

너희가 은사를 받았다고 기뻐하느냐. 너희가 거듭나고 말씀을 채워 간다고 기뻐하느냐. 하늘나라의 생명책에 너희 이름이 기록된 것을 놓고 기뻐하여라. 하늘나라에 너희 처소가 예비된 것으로 기뻐하여라. 왜 생명책에 기록된 것에 대한 감격이 없느냐. 세상 것으로 연연하지 말고 하늘의 것으로 기뻐해야 하지 않겠느냐. 네가 말했지, 생사의 문제라고. 물론이지. 그러나 생사보다 더 중요한 것이 있다. 생사는 육체에 대한 표현이요, 이것은 영생과 영벌의 문제이다. 조금 있으면 기회가 없다. 이 마지막 기회에 많은 자가 내게로 속히 와야 한다.

1987. 3. 27.

구약 시대부터 많은 양의 피가 뿌려졌으며, 내가 십자가에서 피를 흘렸다. 희생이 없이는 피를 흘릴 수 없다. 내 피로 덮인 자는 그 속에 나의 생명이 있고, 생명이 있는 자라야 남에게 내 생명을 잉태시킬 수 있다. 많은 믿는다고 하는 자들이 이런 생명을 지니지 못하고 있다. 그들에게 생명을 잉태시키도록 하여라.

악의 길인 줄 알면서도 그 길로 가는 자들이 많구나. 모태 신앙, 3대째, 4대째 믿음을 자랑치 말고, 내 피를 바르고 그 속에 내 생명을 가져야 한다.

"하나님 아버지, 우리는 물에 빠진 자인데, 건져 주시니 보따리까지 내어 놓으라고 하고 있습니다. 우리를 위해 독생자께서 피 흘리시며 우리의 죄를 온전히 사하여 주셨는데, 우리가 어찌 주님께 다른 간구를 할 수 있겠습니까? 감사와 찬양을 올려 드릴 뿐입니다."

1987. 4. 9.

남녀가 서로 입술로만 사랑한다고 하면서 그 마음을 주지 않는다면, 그것은 온전한 사랑이 아니며 오히려 가증한 것이다. 사랑하면 그의 모든 환경, 형편, 장래를 온전히 맡기지 않느냐. 니에게 그러한 사랑을 하기 원한다. 내가 보이지 않는다고 어렵다 말아라. 무소 부재한 내가 아니냐. 내가 너희를 얼마나 사랑하는지 너희는 다 알 수가 없다. 사랑하면 모든 것을 다 주고도 더 줄 것이 없나 생각한다. 내가 천지를 만들어 너희에게 주었고, 내 아들의 생명도 너희를 위해 주었다. 그런데도 더 줄 것이 없나 하고 생각하는 것이 나의 사랑이다.

1987. 4. 15.

아들아, 너는 유교 사상과 아집을 아직 버리지 못했다. 하늘의 지혜, 땅의 지혜, 참된 지혜, 헛된 지혜를 묵상하지 않았느냐. 온전히 버릴 것을 다 버리지 못했기에 앞으로 가다가 때로는 다시 뒷걸음질 치는구나. 믿음의 경주를 한다 하지 않았느냐. 이제는 전진만 있을 뿐이지 뒤를 돌아보지 말아라. 이 유교 사상은 너의 아버지, 형제들 모두에게 깊이 뿌리 박혀 있다. 이것이 너의 가슴속의 쓴 뿌리다. 네 집안에 전통적으로 내려온 분위기가 쓴 뿌리로 남아 있다. 이것을 온전히 뽑아 버리도록 하여라.

나는 십자가에서 옷이 벗겨지고 채찍에 맞았다. 군중은 나에게 침을 뱉으며 갖은 욕설을 퍼부었다. 내가 너희 앞에서 얼마나 수치를 당하였느냐. 밀알이 땅에 떨어져 썩으려면 완전히 썩어야지 군데군데 썩으면 차라리 알곡으로 남아 있는 것이 낫다. 네 아집, 유교 사상이 온전히 썩어 없어지기를 바란다. 온전히 썩을 때 말할 수 없는 놀라운 수확이 있을 것이다. 쓸데없는 체면을 버려라. 자존심과 교만을 버려라. 내가 너희의 금식을 기뻐 받았다.

아들아, 내 방대하고 큰 사업에 대한 비전을 크게 가져라. 내가 오므리면 펼 자가 없고, 펴면 오므릴 자가 없다. 우리에게는 후회가 없다. 전진만이 있을 뿐이다. 오늘 너에게 새 힘을 주겠다. 내가 네 세포 하나하나를 온전히 새롭게 한다 하지 않았더냐. 너는 피조물을 바라보지 말고 창조주인 나를 바라보아라. 새 힘을 주노라.

<u>1987. 4. 18.</u>

아들아! 너는 더디 변하면서 내게는 뭐든 빨리 해달라는구나. 사업을 위한 작정 기도를 놓고 먼저 기도하여라. 네가 나를 시인하든지 안 하든지 너는 나의 것이다. 네가 나를 긍정하든지 부정하든지 나는 너를 사랑한다. 우리의 사랑을 끊을 자 없다. 실족하지 말아라. 너 혼

자 기도할 때, 깊이 말씀을 묵상할 때 내가 너를 만날 것이다. 무엇을 먹을까, 무엇을 마실까 염려하지 마라. 성경에 있지 않으냐. 그 말씀 이 거짓이라면 나 또한 거짓이라는 말이다. 아들아! 십자가의 고난 없이 기쁨만 있으면 얼마나 좋겠니. 십자가 고통 없이 너희를 구원할 수 있었다면 얼마나 좋았겠느냐. 그러나 나는 몸이 찢겼고 물과 피를 쏟았다. 아들아! 너를 사랑한다. 너는 성령을 받았고, 거듭났고, 생명 책에 이름이 기록되지 않았느냐. 오늘까지 그 어려운 고비고비를 믿 음으로 잘도 견뎌 온 너 아니냐! 흑암이 깊은 것은 광명이 가까운 것 이다. 내가 너를 지킬 것이다. 내가 너를 도울 것이다.

1987. 4. 19.

나는 견딜 만한 시험 이외에는 허락하지 않는다. 부활 바로 전 내 모습은 고통의 극치, 죽음의 공포, 수치의 극치, 어두운 암흑이었으 나 그 찰나 나는 부활했다. 사랑이 있었기에 사망에서 이길 수 있었 다. 캄캄한 암흑 같은 고통에서 순간 새로 태어남을 경험하는 것이 다. 너희에게 평안을 주노라. 부활의 기쁨을 너희에게 주며 평안할 지어다. 다윗이 사울에게 쫓기며 죽음 앞에서 방황할 때 나는 그를 지켰다. 그 상황에 그가 왕이 될 것을 생각이나 할 수 있었겠느냐. 그 러나 그 연단을 통하여 내가 그를 들어 쓸 때 능치 못함이 없으며, 그 는 그 후 위대한 왕이 되지 않았느냐. 죽음에 쫓기는 광야 생활에서 그가 상상이나 할 수 있었던 일이었겠느냐.

<u>1987. 4. 20.</u>

씨 뿌리는 비유를 알지? 농부가 씨를 뿌릴 때 어떻게 하느냐. 먼저 땅을 갈고 뒤집어 부드럽게 한 다음 씨를 뿌리지 않느냐. 너는 그동안 많은 사람의 부탁을 받고 시장 조사를 하며 씨를 뿌렸건만, 어떤 씨는 들에 뿌렸고, 어떤 씨는 돌 위에 뿌리기도 하고, 길가에 뿌리기도 하였으니 어찌 싹이 날 수 있겠느냐. 씨 뿌리기 전 기도로 준비하여라. 씨 뿌리며 기도하여라. 자라게 하면서 기도하여라. 이렇게 기도로 모든 것을 준비해야 한다. 일을 할 때 순간순간 마음속으로 기도하여라. 남을 도와줄 때 가진 것을 먼저 주면 네 그릇이 비어 버린다. 그러나 그 빈 그릇을 당연히 내가 채워줄 것이다. 남에게 사랑을 베푼다는 것은 대가를 치러야 하며 수고를 하여야 하는 것이란다. 나는 그 대가로 생명을 주었다.

<u>1987. 5. 7.</u>

천국은 침노하는 자의 것이다. 자고 있는 자가 침노할 수 있겠느냐. 앉아 있는 자가 침노할 수 있겠느냐. 말씀으로, 기도로 완전무장한 자가 작전 계획을 세워 침노하게 되는 것이다. 나무에 달린 사과 밑에 드러누워 떨어지기만 바라겠느냐. 그 사과도 스스로 따지 않으면 얻을 수 없다. 그뿐이냐. 그 열매가 맺히기까지 씨 뿌리고 기르고 다듬고 애쓰고 인내해야 한다. 우리 눈에 보이는 것도 이러하거늘 보이지 않는 천국이 다르겠느냐.

말씀이 네 속에 채워질 때, 기도가 채워졌을 때 능력이 나타나는

것이다. 너희 영혼들을 위하여 나는 온 우주를 투자하였다. 거기에
끝이 없는 사랑을 더하였으니, 이것은 너희 영혼을 귀중하게 여김이
다. 세상이 복잡해질수록, 일이 많아지고 번잡해질수록 생명의 양식
을 더욱 먹어야 한다. 이 우주는 내 사랑으로 움직이며, 우주는 너희
의 것이다.

1987. 5. 17.

나를 닮기 원하느냐? 네 성품이 변하기 전에는 나를 닮을 수가 없
다. 네가 버려야 할 것들을 버리지 않고서는 내게 가까이 올 수 없다.
나를 닮을 수 없다. 먼저 성품을 돌보아라 말씀에 비추어 네 모난 곳
을 발견하고, 그것의 변화를 놓고 내게 기도하여라. 도와줄 것이다.
모세도, 여호수아도 내게 다가올 때는 신을 벗었다. 너희가 자기를
부인하고 버릴 것을 버리며 내게로 가까이 올수록 나의 비밀을, 하늘
의 비밀을 너희에게 알릴 것이다. 은사를 받고 온전히 자기 자신을
부인하며 성품이 변화하지 않으면 그 은사는 자기를 위하여 쓰게 되
며 자기의 유익, 자기의 생각으로 쓰게 한다.

1987. 5. 19.

내 사랑을 지닌 자는 성경을 볼 때에 사랑의 눈으로 보기 때문에
그 비밀을 깨달을 수 있다. 나는 사랑이다. 사랑 충만, 성령 충만으로
말씀을 대할 때 모든 것을 깨닫는다. 사랑 없이 말재주로만 말씀을
읊어 봐야 아무 감동을 주지 못한다. 그러나 진정 사랑하는 마음으

로 말씀을 전하면 내 생명이 잉태되는 것을 볼 것이다. 믿음의 경주를 한다 하여 모두가 끝까지 닿는 것은 아니다. 말씀을 나침반 삼아 믿음의 경주를 하여야 하며 쉬지 않고 기도하고, 더욱 말씀을 푯대로 잡고 끝까지 닿도록 경주해라. 사랑의 불도장을 받은 자여, 성령의 인침을 받은 자여. 생명까지 내어준 내 사랑 안에 거해라. 네가 내 안에, 내가 네 안에 거하는 관계이다. 누가 이 사랑의 관계를 끊을 수 있을까. 시작은 모두 같지만 마지막까지 경주하는 자는 적을 것이다.

<u>1987. 5. 22.</u>

법궤에 손을 댄 자가 즉사한 것은 거룩한 법궤를 거룩하지 못한 자가 만졌기 때문이다. 너희는 나를 직접 만나면 죽게 되며, 아들 예수의 보혈과 십자가를 통해서만 나를 만날 수 있다. 죄인인 너희 모습 그대로는 나를 만날 수 없다. 십자가를 통해서, 예수의 보혈을 통해서, 거룩함을 힘입고 덧입어야 나를 볼 수 있다. 십자가를 깊이 느끼면 느낄수록 주의 보혈로 속죄함 받고, 나를 더욱 가까이 만날 수 있다. 말씀 속에 깨달음이 있다. 말씀을 통해 나의 숨겨진 비밀이 하나하나 드러난다.

천국은 실존한다. 말씀을 통하여 좁은 통로가 발견되며, 말씀 속에 깊이 거하면 거할수록 가까워질 것이다. 너희가 하늘의 영광을 구하겠느냐, 땅의 영광을 구하겠느냐. 구원이란 것이 얼마나 엄청난 것인지 알지 못한다. 영생이 있는 곳, 그곳이 얼마나 엄청난 곳인지 너희가 알지 못한다. 내가 인간들에게 세상만물을 다스릴 수 있는 권세를 주었으나 그들이 스스로 포기하였다. 너희가 말씀에 깊이 거하며 기도할 때에 그 권세를 조금씩 찾을 수 있으며, 말씀과 기도에 속한 만큼 찾게 될 것이다.

이 땅을 다스리는 지혜가 말씀 속에 있다. 하늘의 영광을 지닌 자, 천국의 비밀을 가진 자는 이 세상을 다스릴 수 있다. 많은 자가 순종으로 시작했다가 땅의 영광을 쫓아 불순종으로 빠진다. 말씀을 사모하며 달려오는 영혼들에게, 나를 향하여 마음을 비우며 달려오는 영혼들에게, 하늘의 영광을 위하여 자기를 부인하며 내게로 찾아드는 영혼들에게, 말씀으로 양육 받고 변화되며 십자가의 명예를 지고자 하는 모든 영혼에게 하늘의 축복이 있으리라. 많은 자가 땅의 영광을 받고 있으며, 이들은 나와 아무 상관이 없다.

<u>1987. 5. 24.</u>

신령과 진정으로 예배를 드리거라. 예배는 장엄하고 엄숙한 의식이 아니다. 헌금의 액수가 문제되지 않는다. 적은 숫자가 모인 곳이라도 자기 가슴을 찢으며 마음을 내어놓는 자의 예배를 나는 받는다. 많은 자가 내 이름을 걸치고, 자기의 이름 또는 교회의 이름으로 예배한다. 이들은 모두 강도요 도적이다. 내 십자가는 골고다 높은 언덕에, 모두가 바라볼 수 있는 곳에 세워졌으나 이 세상 은밀한 곳에 수많은 십자가가 있다. 나를 따르는 자는 자기 십자가를 지고 따라야 한다.

<u>1987. 5. 26.</u>

일이 바빠진다 하여 말씀 묵상을 소홀히 하면 안 된다. 말씀 묵상을 너의 스케줄 최우선으로 두어라. 말씀을 게을리 할 때 사탄이 틈을 탄다. 아침 일찍 일어나 밤늦게까지 수고하여도, 그것은 허사며 피곤만 하다. 바쁘면 바쁠수록 더욱 말씀을 묵상하여야 한다. 내가 함께할 때에 낮이 아무리 짧아도, 시간이 남을 정도로 모든 일을 마칠 수 있다. 더욱 말씀에 거하며 기도하며 긴장하도록 해라. 다윗은 모든 것을 물어 내게 응답 받아 행하였다. 다윗의 하나님, 아브라함의 하나님, 요셉의 하나님이 나다. 영원부터 영원까지 동일한 하나님임을 기억해라.

어떤 자는 초대교회에만 내가 있었다고 말하지만, 나는 영원하며 시간을 초월하여 있다. 너희는 시간 속에 있지만, 나는 영원에 거하며 너희가 영생을 얻으면 나와 같이 영원에 거하게 된다. 인간이 성경을 분해하고, 분석하며 자기들의 시간 속에 나를 맞추려고 한다. 사람의 유한 속에 나를 끼워 맞추고자 한다. 피조물의 생각과 지식에 어찌 창조주가 맞춰질수 있겠는가. 시간 속에 있는 자가 어찌 영원 속에 있는 나를 알수 있단 말이냐. 아들아, 바쁘면 바쁠수록 더욱 말씀을 묵상해라. 모든 일을 기도로 행해라. 다윗에게 응답한 것처럼 내가 너에게 응답하겠다. 생명의 양식을 매일 먹도록 해라.

<u>1987. 5. 27.</u>

한 영혼이 내게 돌아오면, 천군 천사가 나팔을 불며 천국에서 잔치

를 한다. 그만큼 한 영혼이 내게 오는 길이 어렵고 방해하는 것이 많다. 영혼을 내게로 인도한 자에게는 하늘 상급이 있다. 불쌍한 영혼들을 돌보아라. 무죄한 피를 흘려 내가 그들을 샀기에 그 영혼들 하나하나가 나에게는 귀중하다.

작은 자에게 한 것이 내게 한 것이다. 많은 사람에게 알려진 베풂에는 내가 없으며 불쌍하고 가난하고 굶주리고 소외된 자들에게 내가 있다. 유명한 목사에게 내가 있는 것이 아니다. 지극히 작은 자에게 사랑의 진액이 담긴 것으로 베풀 때, 진정 나는 기뻐한다. 많은 것으로 많은 이에게 베푼다 할지라도, 그곳에 사랑이 없으면 나는 기뻐받을 수 없다. 단 한 번이라도, 진정한 사랑을 담아 베풀 때 니는 기뻐한다. 너희 가족이 하나 되어 굶주린 자에게 밥을 나르고 먹이는 모습을 내가 보았다. 그것은 나에게 한 것이다. 그는 집에서 쫓겨나고 부모로부터 배신당하여 소외되었지만, 그 영혼이 방황치 않고 제 길을 갔다. 도움을 받아도 그는 갚을 수 없으며, 평생 갚을 수 없는 것을 알면서도, 그를 진정 사랑으로 돕는 것이 진정 은혜를 베푼 것이다.

십자가가 무엇이냐? 나를 믿고 축복받아 잘 사는 것이 목적이라면, 십자가는 필요 없다. 십자가는 희생이며, 자기 십자가를 진다는 것은 희생을 감수하겠다는 것이 아니냐. 십자가를 통해서만 나를 만날 수 있다.

1987. 6. 2.

나라와 민족을 위해 기도해라. 죄인이 많아서가 아니라 의인이 없어 멸망한다. 소돔과 고모라가 멸망할 때 아브라함이 '의인 열 명만 있어도 구원하여 주옵소서'라고 기도했지만, 그곳에 의인이 없어 망하였다. 교회가 빛의 직분, 소금의 직분을 감당하지 못해 나라에 어려움이 있다. 많은 자가 영적인 축복, 육적인 축복, 물질적인 축복을 말하지만, 제일 귀한 하늘의 축복을 받은 자가 땅의 축복을 갖는 것이 당연하다. 물질은 악한 것이 아니다. 물질은 내가 준 것이다. 이 물질을 잘못 사용할 때 사람의 마음에 피어나는 죄가 문제다. 나보다 물질을 먼저 섬기는 마음이 죄다.

물질은 다스리는 것이다. 물질을 아름답게 다스릴 수 있는 지혜를 구하여라. 주를 위하여, 남을 위하여 물질이 쓰일 때 아름답게 다스려지는 물질이 된다. 항상 겸손하여 낮은 자리에 앉기를 구하여라. 내 이름을 이용해 스스로 하늘같이 높아지려고 하는 자는 나에게 합당치 않다. 자신을 나타내지 않고 빛과 소금의 직분을 다하는 자, 내게 기쁨을 돌리는 자, 은밀하게 주의 이름으로 사랑을 베푸는 자, 나는 그들을 기뻐한다.

보이지 않는 곳에서 스스로를 삭히는 자가 되어라. 사람들에게 칭찬받으려 말고, 인정받으려고 생각하지 말아라. 나는 중심을 본다. 심령의 중심을 내가 보고 있다. 밀알이 썩으려면 아무도 보지 못하는 땅속으로 들어가야 한다. 밀알이 썩을 때 비로소 새 생명이 태어나며 땅 위로 새싹이 움튼다. 그것을 배워라. 나는 길이요, 진리요, 생명이라 하지 않았느냐. 나를 아는 만큼, 나를 깨달을수록 능력이 나타난다. 구별된 삶, 성결한 삶을 살 때에 나의 방대한 뜻을 이루리라. 자신을 거룩히 지켜 사탄이 틈타지 못하게 해라.

너희의 영혼이 생수의 강에 적셔져 영원히 목마르지 않을 것이다. 주홍 같은 너희 죄가 보혈로 양털같이 희게 되었다. 구원을 받았고, 하늘나라 생명책에 이름이 기록된 자여, 기뻐해라. 이것은 너희가 잘한 것이 있어서도 아니요, 의로워서도 아니다. 온전히 하늘로부터의 은혜다. 내가 길이요 진리요 생명이다. 인간에게는 지혜가 없다. 자기 자아로 사는 자에게는 좌절, 고통, 무지만이 있으며, 내게 온전히 맡길 때 진정한 평안과 기쁨이 있다.

여호와를 경외하는 것이 지혜의 근본이라 하였다. 지혜는 하늘에서 오는 것이며, 사람에게는 지혜가 없다. 말씀 안에 세상을 다스리는 지혜가 있다. 지혜 있는 자는 순종한다. 말씀 속에서 지혜를 배우며 능력을 얻을 것이다. 나를 만나는 길은 말씀과 기도 외에는 없다. 말씀은 태초부터 하나님과 동행하였다. 생수의 강에 적셔진 자는 시냇물 가에 뿌리를 드리운 나무와 같이 마르지 아니하며, 사철 열매를 맺으며 그 나무 밑에 많은 영혼이 쉼을 얻을 것이다.

아들아! 네가 진정 나를 사랑하느냐. 마음을 다해 진정으로 나를 사랑하느냐. 너희는 내 사랑을 다 알 수 없다. 너희에게 내 사랑은 불가사의한 것이며, 다 이해할 수 없는 일방적 사랑이다. 신이 피조물을 만들고 사랑의 관계를 맺고자 나는 십자가를 계획하였다. 완악한 인간들은 내 사랑에 무감각하다. 마치 나병 환자같이 아무 것도 느끼지 못한다. 자기 지체가 떨어져 나가도 모르고 있다. 구원받고 영생을 소유한 자는 하늘의 비밀을 가진 자다. 모두가 알고 있는 것은 비밀이 아니다. 너희가 이 비밀을 알게 될 것이다.

내가 네 안에 거하고 네가 내 안에 거하면, 너를 통해 내가 사는 것이다. 내 사랑을 받아들인 자는 나병 환자같이 무감각했던 영혼이 세포 하나하나 살아나는 것처럼 통증도, 기쁨도, 평안도 느끼게 된다. 무감각하고 무신경했던 지체들이 살아나 기뻐 뛰놀며 평안 가운데 거하게 된다. 성경에서도 나병 환자가 치료받고 기뻐 뛰지 않더냐. 하물며 영혼의 나병이 치료되었는데 그것이 기적이 아니고 무엇이겠느냐.

기적을 먼 곳에서 찾지 말아라. 가까운 곳에 기적이 있다. 네 아내를 보아라. 이전에 그의 모습, 그리고 변화 받은 지금 모습을 네가 보았다. 이것이 기적이다. 이러한 자는 마음에 천국이 있으며, 그는 지금부터 천국으로 가고 있는 것이다. 마음이 악한 자는 그 마음의 악 때문에 불안, 공포에 시달리며 그 안에 증오를 채운다. 지금부터 그는 지옥으로 가고 있는 것이다. 내 사랑을 느낀 자는 내 온전한 사랑으로 기적을 이룰 수 있는 것이다.

성령 충만한 삶은 나 자신을 온전히 비우고, 그 안에 성령이 주장하도록 하는 삶이다. 그런 삶은 성령이 대신 말하고 주관한다. 표현, 행위, 모든 것이 성령께 맡겨져 성령이 역사한다. 더욱더 자기를 비우고, 그리스도가 다스리는 삶을 살아라. 구별되며 성결된 모습이 되어라. 말씀 속에 거하며, 항상 기도에 힘써라. 기도는 하늘 보좌를 감동시키고 움직이게 한다. 말씀 속에서 놀라운 능력이 나타나며, 사랑이 나타난다.

1987. 6. 6.

생명으로 가는 길은 좁다. 많은 사람이 넓은 길로 가고 있다. 서둘러 달려서 가고 있다. 많은 자가 급히 흘러가는 악의 강물에 휩쓸려 흘러가고 있다. 그 유속을 거슬러 오르기 위해서는 말씀 속에 거하며 성령 충만한 삶을 살며 쉬지 않고 기도하여야 한다. 그들은 무감각하고 무지하고 우매하여 지혜조차 구하지 않는다. 지혜 없음을 안타까워하지도 않으며 그대로 지낸다. 지혜 있는 자가 지혜를 구하며 순종하는 자가 순종을 구한다. 그러나 나는 있는 자에게는 없는 자의 있는 것마저 빼앗아서 줄 것이다. 믿음 있는 자는 말씀 속에 계속 깊이 거하므로 그 가진 믿음이 자꾸 자라서 분량이 커지나, 믿음 없는 자는 게을러서 그 조금 있는 것마저 빼앗기게 될 것이다.

1987. 6. 10.

아들아! 매일 때를 얻든지 못 얻든지 말씀을 묵상하면서 나를 만나는 기쁨이 있느냐? 많은 사람이 나를 만나겠다고 부흥회며 집회를 쫓아다닌다. 그러나 너는 나를 어디에서 만나야 하는지 알고 있다. 나를 말씀 속에서 만나는 것이 큰 축복이다. 말씀 속에서 지혜를 배운다. 너는 그 지혜를 가졌다. 순종을 배우고 실천할 때 땅의 축복이 있다.

나는 너의 아버지다. 우주 만물의 주인인 아버지가 생명까지 주었는데 무엇을 아끼랴. 나는 모든 것을 다 주었는데 인간이 어리석어 받지를 못하는구나. 말씀 속에 다 기록해 놓았는데, 너희의 무지 때문에 갖지를 못하는구나. 내 안에서 자유를 허락했지만 스스로 죄의 사슬로 자신들을 얽어매는구나. 무거운 짐과 멍에를 스스로 짊어지고 무엇이 좋으냐.

너는 영생을 가진 자다. 이 땅에 살면서 작은 바위, 낮은 산이 앞에 놓여 있다 하여도 근심하지 말고 염려하지 말아라. 높은 산과 바다가 앞을 가로막는다 해도 더 높은 산을 바라보며 바로 나아가라. 피하여 돌아가지 말아라. 너의 아버지가 너와 함께함을 잊지 말아라. 근심과 초조가 은밀하게 네 마음에 들어올 때는 무릎을 꿇고 기도해라. 너의 아버지에게 기도해라. 조금 더딘 것 같아도 잠깐의 시간차이며, 그것은 아무 의미가 없다. 이루어진 것을 보고 하는 감사는 누구나 할 수 있다. 그러나 믿는 자는 이루어질 것으로 믿고 감사해야 한다. 한 그릇의 먹을 것을, 한 벌의 옷만을 구하는구나. 조금 있으면 해질 옷인데도, 그것에 연연하는 우매함이 있다.

1987. 6. 11.

인간의 지혜로 하늘의 지혜를 가리는 자, 말씀을 묵상하지 않는 자, 자기의 명철을 믿는 자, 스스로 지혜 있는 자, 이들은 다 어리석은 자다. 인간의 생각과 지혜로는 남을 감동시킬 수 없으며, 이해시킬 수 없다. 그런 자를 이해시키고자 하면, 그 말이 더 올무가 되어 나를 옭아맬 것이다. 때로는 침묵이 가장 좋은 설득이 되기도 한다. 영생을 소유했더라도 너희는 이 세상에서, 이 땅에 발 붙여 살지 않으면 안 된다. 이 세상은 선한 자보다 악한 자가 많으며, 깨끗한 자보다 악한 자가 많다. 그렇다고 악한 자, 더러운 자를 모두 피하며 살 수 있겠느냐? 그들과 침묵하며 살 수 있겠느냐? 악인과도 선한 관계를 맺기를 바란다. 보응하는 것, 원수 갚는 것, 심판하는 것이 내게 있다. 너희는 그를 위해 기도만 하여라. 악인에게 악으로 대하지 말고, 끝까지 선으로 대하여라. 그들도 내가 귀히 여기는 영혼들이다. 하늘의 비밀을 가진 자, 영생을 소유한 자답게 마음을 넓게 가져라. 내가 네 안에, 네가 내 안에 있음을 항상 잊지 말아라. 말씀을 깊이 묵상할수록 나를 더욱 만날 것이다. 육신의 사람도 태어날 때 아픔이 있는데, 하물며 영으로 거듭 태어나 새사람이 되는 데 더한 고통이 있지 않겠느냐?

<u>1987. 6. 12.</u>

마지막 때에 믿는 자를 보겠느냐? 나라와 민족을 위해서 참으로 애통하며 눈물 흘리는 자가 얼마나 있을까? 많은 기도, 염불같이 외는 기도는 식상하다. 내 양을 길러야 하는 목자들이 양보다 건물 높이에 관심 갖고 이 세상 지위와 명예를 찾고 있다. 그 아래에서 내 양들이 어떻게 양육 받을까. 목자가 양 위에서 군림하니, 세상 짐 지기

도 무거운 양들이 목자들의 짐까지 져야 하는구나.

마지막 때에 믿는 자를 보겠느냐? 이 나라와 민족을 위해 기도하여라. 엘리야가 로뎀나무 밑에서 죽기를 간청했을 때 의인 7천 명이 있었음을 기억해라. 이 나라에 의인 열 명, 다섯 명, 한 명이 있기를 바란다. 죄인이 많아서 망한 것이 아니고, 의인이 없어 망한다. 내 말씀을 묵상하며 순종하기를 즐겨하니, 너희가 숨은 종이 되어 기도하여라. 의인의 기도는 능력이 있다.

너희 가정에 화평과 축복이 있을지어다. 너의 자녀 위에 건강과 축복이 있을지어다. 너의 하늘의 기업과 땅의 기업에 축복이 있을지어다. 믿는다고 하는 자들이 이 세상 사람보다 더 출세를 좋아하고, 명예와 지위를 따르는구나. 나라를 위해, 민족을 위해 재를 머리에 쓰고, 가슴을 찢고 애통하며 눈물의 기도를 해야 할 때다.

<u>1987. 6. 18.</u>

나를 찬양하느냐? 나에 대한 사랑의 고백이 찬양으로 이어질 때 진정 아름답구나. 그것은 영혼의 노래이며, 내가 기뻐 받는 찬양이다. 나를 사랑하는 마음으로 기쁘게 찬양하는 너희 모습이 아름답다.

진흙 구덩이에서 건진 진주, 그들은 돼지가 토한 것을 먹고, 또 먹는다. 그러니 삶이 아프고 고달프다. 그러나 내 고통에 참여하지 않는 자는 나를 사랑할 수 없다. 사랑하는 자를 위해 고통을 나누듯이, 고통 가운데라야 사랑할 수 있다. 너희도 그 긴 고통의 터널을 통하여 나의 고통을 맛보았다. 아들아! 말씀 묵상하기를 즐거워하고, 말씀을 사모하는 네 모습을 내가 안다. 너희는 매일 변화해 갈 것이다. 오늘의 네 모든 계획 위에 함께하며, 네 자녀를 지킬 것이다. 축복이 있을지어다.

너희가 고난을 감사하느냐? 고통을 이기며 나를 만나는 자, 그 고통을 축복으로 생각하는 자는 십자가가 저주가 아닌 사랑이라는 걸 안다. 너희는 그 고난을 이겼다. 고난 중에 있으며 병든 자, 굽은 자들이 고통을 이길 수 있도록 두와야 할 사명이 있다. 그런 지들에게 사랑을 베푼다 해도 보답을 생각지 말아라. 오히려 그들은 너희에게 등을 돌릴 것이다. 서운함과 미운 마을을 일으킬 것이다. 그때에 슬퍼하지 말며, 내가 십자가에서 수치당한 것을 생각하며 위로받고 이기도록 하여라.

선을 행하다가 낙심치 말며, 끝까지 참고 견디기를 바란다. 이 땅엔 위로가 없고, 오히려 악으로 보답하나, 하늘의 축복이 너희에게 있다. 서로 사랑하면 모든 허물을 덮는다. 너희는 할 수 없지만 내 사랑이 너희 속에 있어 성령께서 도우시니, 너희도 이런 사랑을 베풀 수 있다. 너희가 나를 더욱 가까이 사랑할수록 이런 고통과 멍에를 쉽게 견딜 수 있을 것이다.

아들아! 양육은 말씀을 공부하고 변화하는 것뿐 아니라, 이것을 전하는 데까지 해야 한다. 나만 얻고 그치면 안 되며, 이것을 깨우칠 필요가 있는 자에게 사랑으로 전해야 한다. 이제는 전하는 현장 실습을 하게 되었다. 네가 만나서 전할 때에는 먼저 잠깐 내게 기도하면서 준비해라. 네 생각이나, 네 뜻, 네 경험을 전하지 않게 주의해라. 오직 복음만을 전하게 해 달라고 기도해라. 무엇보다 상대의 마음의 문을 열어 달라고 기도해야 한다. 사탄이 방해하거나 틈타지 못하도록 기도해라.

상대방은 상처투성이이며 벼랑 끝에 있는 자니 정죄해서는 안 된다. 그 상처를 감싸 주고 기름을 발라 주며 치료해 주어야 한다. 마음에 평안을 주도록 해야 한다. '나'와 '너'를 구분하여 '나는 해결된 자이지만 너는 아니다'라고 하는 인식을 주지 말고, '우리'라는 말로써 함께 고통을 나누도록 해라. 너 자신을 그의 밑으로 낮추어라. 그럴 때 그가 위로를 받으며 마음의 문을 열고 자신의 고통을 다 이야기하게 될 것이다. 되도록 많은 이야기를 들어 주어라. 모든 것을 토해 놓으면 허전해지며, 그 허전한 곳을 말씀으로 채우게 하면 된다. 때로는 들어만 주는 것도 치료다.

기도로 준비하면 성령이 네 입술을 빌려 이야기할 것이다. 네 손짓과 눈짓을 주관할 것이다. 말씀을 전할 때 상대방을 사랑하는 마음이 있어야 한다. 사랑이 있는 곳에 내가 있다. 이 세상 어떤 일보다도 영혼을 구원하는 일이 가장 귀하고, 가치 있고, 소중한 것이다.

<u>1987. 6. 24.</u>

사업에 장애물이 있는 것을 당연하게 여기고 믿음으로 이기며 나아갈 것이며, 없기를 바라지 말아라. 장애물을 기도로 고하여라. 믿음을 갖고 나에게 맡길 때 극복할 수 있다. 내가 역사할 것이다. 어떠한 경우에서든지 염려, 근심, 혈기, 분냄 같은 감정을 주의해라. 이런 것은 사탄이 주는 것이며 나와 연합하는 것이 아니다. 나에게 기도하는 자가 그 마음을 싣지 않으면 가증스러운 것이다. 입으로만 하는 가증스러운 기도는 해도 해도 내가 받지 못하므로 응답이 없다. 마음은 악하게 둔 채, 겉으로만 경건한 척 기도하는 것은 사람은 속일 수 있어도, 불꽃 같은 눈으로 중심을 간찰하는 나를 속일 수 없다.

부족하면 부족한 대로, 무능하면 무능한 대로, 죄인이면 죄인의 모습으로, 악하면 그 악한 모습을 나에게 고백하며 나아와야 한다. 나는 너희의 부족과 무능과 죄와 악을 다 안다. 나는 단지 네 입으로 이것을 시인하며 고백하기를 바라는 것이다. 내가 응답하지 않는 것이 사랑이 부족해서도 아니요, 귀가 둔해서도 아니요, 손이 짧아서도 아니다. 너희 마음이 나를 사랑하지 않기 때문이다. 사랑이 무엇이냐? 사랑을 위해서는 모든 것을 다 바치지 않느냐. 마음을 주지 않고 입술로만 사랑한다 하면 그것은 속이는 것이다. 사랑은 상대의 부족과 죄까지라도 관용하며, 용서하며 용납하는 것이다. 말씀을 모르기에 나를 모르고, 나를 모르니 사랑할 수 없구나. 그러면서도 은총은 크게 내려 달라고 기도한다. 너희 속에 죄악이 있어도, 있는 그대로 시인하며 내게 달려오는 마음을 나는 받는다. 마음을 향하지 않고서는 나와 연합할 수 없다.

일이 잘되고 축복받을 때 더욱 기도와 말씀에 힘써라. 많은 이에게 문제가 있고, 어려운 가운데서는 열심히 기도하다가, 어려운 문제가 다 해결되면, 말씀과 기도를 놓아 버리는 어리석은 자들이 있다. 일이 잘될 때 더욱 기도하여 사탄의 방해를 물리치면 더욱더 축복의 길로 인도받게 된다. 구약을 보아라. 많은 왕이 나를 섬기는 것에 소홀해졌을 때 어떻게 비참해졌는가를. 믿음의 조상들은 축복받으면 그곳에 제단을 쌓지 않았느냐. 이것을 기억하며 축복받을수록 더욱 기도에 힘쓰도록 하여라.

예배를 드리는 것이 아름답지 않으냐. 내가 네 열심도 알고, 선하고자 함도 알며, 열심히 말씀에 거하고자 함도 다 안다. 나는 너를 사랑하며 너를 통하여 내 일 하기를 기뻐한다. 인간의 사랑은 조건이 있지만, 내 사랑은 조건이 없다. 은혜다. 내 조건 없는 사랑을 받은 자는 사랑에 빚진 자이며 너도 너의 형제와 이웃에게 조건 없는 사랑을 나누어 주기를 바란다. 나는 가난하고 굶주리며 불쌍한 자와 함께한다. 그들을 내가 사랑하니 내 사랑을 가진 네가 그들에게 사랑을 베풀어라. 그들이 너에게 대가도 주지 않고 감사하지 않아도 실망하지 말아라. 조건 없이 주는 사랑이다. 내가 조건 없이 너에게 모든 것을 준 것같이, 그들을 무조건 사랑해라. 사랑하기로 작정해라.

이것이 멍에이고 고통일 수 있으나 나를 진정 사랑하는 자는 멍에로, 고통으로 여기지 않는다. 기쁨이며 환희다. 너와 나 사이에 아름다운 로맨스가 있지 않니. 항상 겸손하며 자신을 드러내지 않으며 낮아지고자 힘써야 한다. 나는 임마누엘의 하나님이고 나는 항상 너희 곁에 있다. 너희 속에 거하며 모든 것을 다 감찰한다. 내가 함께 있으니 두려워 말고 담대하라. 용기 있어라.

<u>1987. 6. 28.</u>

내 사랑의 깊이와 높이를 너희는 다 알 수 없다. 너희가 느낀 만큼 감사하여라. 내 사랑을 모두 안다면 놀라운 기적이 너희에게서도 일어난다. 사랑 자체가 기적이다. 말씀 속에서, 기도 중에서 내 사랑을 너욱 발견하며 스스로 변화하도록 해라. 서로 사랑치 못하는 문제는 스스로에게 있는 것이며 스스로 변화하면 이웃도 변화된다. 결국 스스로의 문제다.

사랑의 토대 위에 성경을 읽고, 묵상하여라. 내 말을 전해야 한다. 성경은 다 알기 어려우며, 모르는 것은 모른 채 두어라. 모든 것을 다 이해할 수 없는 것이 당연하다. 알고 깨달으면 깨달은 만큼 나를 더 사랑하고 감사하게 된다. 사랑 없이 말씀을 전하는 자는 아무것도 아니며, 자기 생각과 의지, 뜻만 전하는 것이니 나와 상관이 없다. 많은 목자가 사랑의 토대 없이 권위, 욕심, 흑심으로 말씀을 전하고 있으니, 양들을 죽음에 이르게까지 한다. 이 마지막 때에 진정 사랑을 갖고, 말씀을 전해야 한다.

자기의 형편이 여유가 없다 하나, 사랑은 주는 것이다. 그럼에도 불구하고 베푸는 것이다. 여유가 있을 때 하겠다 하는 자는 평생 못하게 된다. 사랑을 주는 것은 아름다운 것이다. 내 사랑을 받은 자가 불쌍한 이웃에게 소외된 자에게 전할 때에 진정한 기쁨을 누린다.

말씀을 받기만 하고, 전도, 선교하지 않으면 그에게서는 계속적으로 새 생명이 존재할 수 없다. 물을 흘려보내면 계속해서 새 물이 흘러들어오지만, 받기만 하고 가만있으면 썩어 버리고 만다. 받으면 주어야 한다. 내 사랑을 전해야 또 다시 내 사랑이, 말씀이 너희 안에 끊임없이 채워진다. 전하여라. 베풀어라. 결국 이웃에게 사랑을 전하고, 말씀을 전하는 것은 자기가 새로워지며 더욱 새것으로 얻게 된다. 자신에게 기쁨과 평안이 넘치므로 자기 자신을 위한 것이다. 남보다 자신을 위한 것임을 깨닫도록 하여라. 많은 교회가 받기만 하고 전하지는 않고 자기들끼리 먹고 마시며 지내지 않느냐. 그들은 모두 썩은 것들이며, 그들에게 썩었다 하면 오히려 화를 낸다. 진정 나의 사랑은 전하는 것이다.

1987. 7. 2.

십자가의 사랑을 배워라. 환경이 원망스럽고, 내 부모, 내 형제가 원망스러운 것은 십자가의 사랑에서 멀어졌기 때문이다. 은사의 감격이 믿음이 아니며, 십자가와 부활의 기쁨을 지녀야 한다. 너희 안에 미움, 교만이 있으면, 어떻게 너희 안에 나의 사랑이 들어갈 수 있을까. 십자가 사랑을 묵상해라. 그 감격과 기쁨이 없으면 십자가에서 멀어진 것이다. 십자가가 멀리 간 것이 아니고, 너희 스스로가 멀리 간 것이다.

1987. 7. 3.

너희가 이웃을 어디서 찾느냐. 먼 데 있지 않고 가까운 곳에 있다. 십자가 보혈의 피로 너와 내가 혈연관계가 된 것처럼, 십자가를 통하여 그와 너희가 혈연관계가 되었다. 육체적인 이웃보다 성령 안에서 맺어진 이웃이 더 가까운 것이다. 작은 자를 위해 항상 기도해라. 네 자녀의 이름을 부르며 기도할 때 그의 이름두 부르며 기도해라. 너희는 중보의 기도가 어떠한가를 알지 않느냐. 그를 위해 기도할 때 그가 위로를 받을 것이요, 평안을 얻을 것이다. 나는 그 작은 자와 함께 있으며 고통을 나누기 바란다.

1987. 7. 7.

세상의 명예, 지위, 물질을 보고 맺어지기를 원하는 기도를 내 이름으로 하지 말아라. 젊은이들의 순결한 믿음을 부모로서 더럽히지 말아라. 명예와 부가 있으나 그 안에 내가 없고 영생이 없으면 가난한 자다. 이 세상의 것을 위해 하는 질 낮은 기도를 내 이름으로 하지 말아라. 나는 집도 없었고, 학위도 없었고, 명예나 지위도 없었고, 태어날 때에도 머리 둘 곳이 없어 구유에 누웠다. 어찌 내 이름으로 욕심과 욕망을 채우려 하느냐. 많은 믿는 자들이 세상의 것이 기준이 되어 내 이름으로 기도하나 그것은 어리석은 것이다. 너희는 세상의 기준을 원하느냐, 하늘의 기준을 원하느냐? 먼저 알고 나중에 알게 되는 것이 뭐 그리 중요하냐. 세상의 욕심, 욕망을 버려라. 내가 너를 선한 길로 인도하리라.

<u>1987. 7. 9.</u>

아들아! 항상 말씀에 비추어 자신을 지키며 교만하지 않도록 하여라. 사탄이 교묘하게 교만을 탄다. 많은 사람이 자기도 모르게 교만해진다. 천사도 교만하여져 타락하지 않았느냐. 교만은 거부감 없이 자연스럽게 들어오며 자신도 모르게 스며든다. 내가 낮아진 것같이 너희도 낮아질 것이며, 가장 낮아진 자는 더 이상 떨구어질 곳이 없어야 한다. 미움, 증오, 원망이 있는 자의 마음에는 내가 거할 수 없다. 그들의 기도에 응답할 수도 없다. 그 마음의 중심에 나의 계명을 지키는 사람이 있어야 하며 내 이웃을 사랑해야 한다.

아들아! 네 가장 가까운 이웃은 아내다. 그리고 네 자녀들이다. 그들에게 사랑을 베풀어라. 형식적인 사랑, 의무에서 오는 사랑, 계산에서 오는 사랑 말고, 조건이 없는 사랑, 진정한 마음으로 사랑을 베풀어라. 많은 사람이 가장 가까운 이웃을 보살피지도, 사랑하지도 않고 한 단계 건너뛰어 교회에 가서 봉사하고 이웃을 사랑한다고 한다. 그것은 내 계명을 제대로 지키는 것이 아니다. 사랑의 시작은 가장 가까운 이웃으로부터다. 아들아! 네가 먼저 변화된 모습으로 네 아내, 자녀들에게 사랑을 보여라. 네 사랑으로 그들이 변화되며, 그

것이 넘쳐나 또 그 다음의 이웃으로 흘러갈 것이다. 이웃들이 변화할 것이다.

아들아! 작은 것 하나라도 소홀히 하지 않고 내게 기도하는 네 모습을 내가 보았다. 설계도면을 펼쳐놓고 내게 기도하는 네 모습, 나를 향한 네 마음의 중심을 내가 안다. 내 사랑하는 자녀에게 무엇을 더하여 줄까. 독생자의 생명까지도 주었는데 내가 사랑하는 자녀를 위하여 무엇을 아끼랴. 다윗이 어디를 가든지 이기지 않았느냐. 다윗이 힘이 있어 이긴 것이 아니며, 내가 그를 이기게 하도록 작정하였었다. 아들아! 네 입으로 고백했지? 어디를 가든지 여호와께서 이기게 해달라고 말이다. 그 약속을 믿어라. 이 약속이 내 축복이며 은혜다. 긍정적으로 믿음으로 나아갈 때에 능치 못함이 없음을 배워라. 교만하지 않도록 항상 스스로 지키며, 말씀에 비추어 근신하며 말씀 속에 거해라. 말씀을 읽고 묵상만 하면 그것은 지식에 불과하다. 실천에 옮길 때 기적이 일어난다.

사람들은 기적이나 능력을 체험하려고 이곳저곳 찾아다닌다. 그러나 너희 속에 내가 거하면, 성령으로 너희를 깨끗하게 하고 사랑으로 채운다. 기적과 능력이 나타난다. 기적을 자기 자신에서 찾지 않고 여기저기 둘러보며 "내가 기적을 보았다, 성령을 보았다" 하면, 진귀한 물건 구경하는 것과 무엇이 다른가. 말씀으로 자신을 채울 때 진정한 기적과 능력이 나타난다. 마음속에 하늘나라가 있고, 마음속의 하늘나라를 보는 자마다 변할 것이며 그의 나라는 이루어져 갈 것이다. 나에게 자기의 가장 귀한 시간을 바친 자에게는 나도 그에게 가장 귀한 것으로 줄 것이다. 나에게 어중간한 시간을 바친 자에게는 나도 그에게 그러한 것으로 줄 것이다. 말씀과 기도를 멍에로 알고 의무적으로 하는 자에게는 어찌 좋은 것으로 줄 수 있겠느냐. 축복 받은 자는 그 말씀이 좋아서 달려오며 기도에 거하는 자다. 아들아! 네가 한 톨의 시간도 허비하지 않고 열심인 것을 내가 안다.

<u>1987. 7. 18.</u>

무엇을 알려고 기도하느냐? 너희에게 유익하다면 내가 먼저 알려 주지만, 어떤 것은 미리 알 필요가 없다. 그저 맡기고 기도하면 된다. 세상 것을 위해 먼저 알기를 원한다면 무엇 때문에 내 이름으로 기도 하느냐? 나를 우상으로 섬기는 것이냐. 그런 것은 점쟁이에게 물어 야 할 것들이다. 그들도 어떤 것은 맞출 수 있다.

내가 너희를 위해 생명을 주었다. 너희를 영생의 길로 인도하려고 십자가에 생명을 놓았다. 내 이름으로 기도하는 자가 어찌 세상 것 을 바라느냐. 좋은 것은 세상 것을 택하고, 나쁘고 어려운 문제만은 내게 맡기는 것이 믿는 자의 방법이냐? 내가 너희 사정을 다 알고, 가 장 선한 것으로 계획하거늘 어찌 나보다 먼저 가고자 하느냐? 너희 가 내 계획을 뒤따라와야지, 어찌 앞서 가고자 하느냐? 나는 너희의 세상 길을 인도하는 자가 아니다. 너희에게 생명을 주면서까지, 영 생을 주고자 한다. 세상의 재물도 하늘에 쌓으라고 하였건만, 어찌 하여 하늘의 것으로 세상에 쌓으려 하느냐? 물과 성령으로 거듭나 지 않으면, 자기 죄를 마음의 중심에서 회개하지 못하고, 불의한 것에서 헤어나지 못하며, 나의 음성을 들을 수 없다. 물과 성령으로 거듭나야 말씀 속에서 나를 만난다. 그래야 내 사랑이 너희 안에 있을 수 있다. 나는 많은 것을 맡긴 자에게 많은 것을 요구할 것이다. 다섯 달란트 맡은 자가 다섯 달란트를 남겼듯이, 충성된 자가 되기를 원한다. "먼저 그의 나라와 그의 의를 구하라 그리하면 이 모든 것을 너희에게 더하시리라"(마 6:33)고 한 말씀을 기억하고, 충성된 자 되기를 바란다.

<u>1987. 7. 22.</u>

너희가 나눔에 대한 하늘의 비밀을 알았느냐? 세상에서는 나누면 그만큼 부족해지고 손해 보는 듯하나, 하늘의 것을 나누어 줄 때는 더욱 채워지며 축복받는다. 많은 사람이 주면서도 손해 보는 것 같아 안타까워하고 불안해한다. 이런 자는 나와 상관이 없다. 나누게 되면 더욱 차고 넘치게 받는 하늘의 비밀이 있다. 십의 일을 나에게 바치라고 한 것은 은혜요, 축복이다. 이러한 하늘의 비밀로 더 주고자, 은혜와 축복의 길로 인도하고자 함으로 십의 일을 말하였으며, 십일조는 의무가 아니며 율법도 아니다. 단지 받은 바 은혜에 감사하여, 그 마음의 중심에서 기쁨으로 드리는 것이다.

'수입을 어떻게 구분 지어 낼까' 하며 이리 저리 계산하고 따지면서 내는 십의 일, 남이 나를 어떻게 볼까 하며 체면으로 내는 십의 일, '내지 않으면 하나님의 징계가 있을 터인데' 하면서 내는 십의 일, 이러한 것은 내가 기뻐하지 않으며 받지 않는다. 주신 은혜와 축복에 감사하여 그 마음에 기쁨과 감사가 넘쳐 드리는, 마음을 담은 십의 일을 내가 기쁘게 받는다. 그리고 그를 축복하여 더욱 준다. 십의 일을 바치므로 이것은 나눔이며, 진정한 나눔일 때 더욱 넘쳐나는 축복을 주기 위함이다. 온 우주가 다 나의 것인데 너희가 가진 것을 내가 탐내겠느냐. 내가 받고자 하는 것은 진정 기쁨과 감사로 드리고자 하는 너희 마음이다. 십일조 문제로 스스로 시험에 드는 자들이 있다.

내가 만나기를 원하여 문제를 주면, 그 문제를 갖고 은혜자를 찾아다니며 의탁하는 자가 있다. 성경에 어디 은혜자를 찾아 나서라 하였느냐? 내가 언제 나를 간접적으로 만나야 한다고 하였느냐? 성경에 그런 말씀이 없지 않느냐. 문제가 있으면 있는 대로 골방에서 나에게 무릎 꿇고 기도해라. 나는 직접 만나기를 원한다. 만나기를 원해 문제를 주기도 한다. 자기 스스로 몸부림치며 진통하면서 나를 만나기를 원한다. 그런데 스스로 하는 것은 뒤로 미루고 신령한 자를 찾아가 뜻을 물으며 돈을 주고 오면, 돈을 주고 우상에게 비는 것과 무엇이 다르냐. 문제 있을 때 해산의 고통을 겪으면서 나를 만나는 기쁨이 있기를 바란다.

자기의 허물을 이웃에게 모두 고백하는 자가 나에게도 진정 고백할 수 있다. 나를 위하여 했다 하지만 가증한 모습으로, 가식으로, 자기의 의로 하는 봉사는 나와 아무 상관이 없다. 사람의 눈 때문에 나를 믿는다고 말하느냐, 아니면 나를 사랑하기에 믿느냐? 어떤 사람은 자기 허물을 숨기며 '나는 하나님께 축복받았다, 이것이 내 믿음의 연고로다' 생각하면서 좋은 것으로만 나타내려고 한다. 가식, 가증으로 경건의 모습만 취한다. 그 가증스러움으로 바벨탑을 쌓는구나. 내가 그것을 허물어뜨릴 때에는 수치를 당할 것이다. 스스로 깨닫고 죄를 토로해라. 자기 허물을 알려 겸손하고 낮아지며 기도해라. 체면, 명예, 지위를 다 버리더라도 그 안에 예수의 생명을 갖는 것이 더욱 가치가 있다. 예수의 생명이 없는 권사, 장로, 집사, 목사가 무슨 의미가 있느냐. 자식이 시집 잘 가게 해달라, 장가 잘 가게 해달라, 잘 살게 해달라고 기도하는 것이 믿는 자의 목표냐? "주여, 내가 무엇을 하오리이까? 주여, 내 자녀는 주를 위하여 무엇을 해야 하오리이까?" 이것이 너희 기도 제목이 되어야 하지 않느냐? 많은 자가 이러하니라.

1987. 7. 25.

깨끗한 마음과 믿음을 가져라. 크리스천은 날마다 새롭게 태어나는 것이다. 형식으로 오래 믿은 자는 그 껍데기가 두꺼워 벗기기 어려우며, 새로 태어나는 자는 부드럽고 연하다. 매일 이와 같이 새롭게 되어야 한다. 너희 안에 있는 가증한 것을 모두 버리고 순전해져라. 사람들이 체면으로 자기의 가증함을 가리고 믿음의 경륜으로 가리나, 그럴수록 더욱 가증해진다. 사람은 자기의 의로 자기 죄를 가릴 수 없으며, 예수 그리스도의 십자가의 피로만 자기 죄를 사할 수 있다. 더욱 순전해지며, 깨끗한 마음을 지니고 새로워지는 믿음 갖기를 원한다.

많은 자가 기도로 시작하나, 일하면서 자기 뜻대로 하여 어려움을 겪는 일이 허다하다. 나에게 온전히 맡기면 내가 책임을 지나, 자기 뜻대로 생각하고 행동하는 것은 자기가 끝까지 책임지고 처리해야 한다. 결국 내게 맡기지 못함은 믿음이 없어서이며, 내가 안 맡게 되면 저절로 다 자기의 책임이 된다. 주는 이도 거두는 이도 나 여호와다. 누구를 만나든지 예수 그리스도 밖에는 전할 것이 없다. 예수 그리스도 안에서만 사업의 형통함이 있으며, 자녀의 축복과 영생도 있다. 오직 나만 전하는 입술이 되어라. 사람들은 조금 이름이 나면 교만해진다. 자랑하는 가운데, 전혀 의식하지 않은 가운데 스며드는 교만을 경계하며 물리쳐라. 교만이 모두가 알게 들어오면 물리칠 수 있으나, 아무 의식 없는 가운데, 거부감 없이, 자연스럽게, 타당한 이유를 들고 들어온다. 항상 기도에 힘쓰며 말씀 안에 거하여라.

악을 도모하지 말아라. 믿는다고 하면서, 기도하면서 악을 도모하는 이가 있다. 악한 세상에서 믿음을 지키는 것이 쉽지 않다. 핍박하는 곳에서 믿음을 지키는 것이 쉽지 않다. 형제의 악에 대하여 방관하는 것도 죄다. 악과 섞이지 말며, 그들에게 예수 그리스도를 외쳐라. 내가 악을 판단하는 양심을 너희에게 심었다. 먼저 그의 양심

이 가책을 받아 괴로워해야 한다. 나를 향하여 회개하며 돌아와야
한다.

<u>1987. 8. 4.</u>

기도하는 아들아! 내가 너와 함께함을 잊지 말아라. 너의 사업은
사람이 준 것이 아니고, 내가 준 것이다. 사람이 준 것이 온전하겠느
냐, 내가 준 것이 온전하겠느냐? 가격을 정하는 문제에 있어서 정직
하여라. 모든 단가를 정함에 악인의 꾀를 쫓지 말며 정직하게 내도록
할 것이며, 그 정직이 최고의 명철이며 선인 줄 알아라. 정직한 단가
를 낼 때에 그들의 마음에 감동을 주며, 그들이 감동하여 네가 정하
는 것보다 더 후히 정하여 줄 것이다.

무슨 일이든지 항상 정직해라. 정직 위에 드리는 기도가 역사하는
힘이 있다. 많은 믿는 자가 기도해 놓고 실제 일할 때에는 정직하지
못하다. 사정이 그래서 어쩔 수 없었다고 이야기하나, 이것은 잘못
이다. 정직하여 어려움을 당했다면 후에 열 배로 더하여 줄 것이다.
상대방은 너보다 훨씬 전문가이며, 네가 내는 가격을 다 알고 있으며
대하고 있다. 무슨 일을 하든지, 어떤 가격을 내든지, 정직하게 제시
해라. 너의 정직 위에 내가 역사하며 상대방을 감동하게 할 것이다.

<u>1987. 8. 7.</u>

지혜로운 자는 재물을 하늘에 쌓아 두며, 어리석은 자는 땅에 쌓아
둔다. 말씀에 순종하는 자, 믿고 의지하는 자, 재물을 하늘에 쌓아 두

는 자에게 자녀의 축복이 있을 것이다. 너희가 믿음으로 내 일을 위해 드리는 건 내가 만 배로 갚을 것이다. 여섯 개의 돌 항아리에 입구까지 물을 채우는 순종하는 자들의 믿음 위에 기적이 일어나며, 물이 포도주로 변하는 축복이 있을 것이다. 땅에서의 어리석음이 하늘에서 지혜로우며, 땅에서 지혜로운 것이 하늘에서는 어리석은 것이다.

나를 위해 바치면 내가 더욱 풍성한 것으로 줄 것이다. 먼저 씨를 심어야 거둘 수 있지 않느냐. 많은 어리석은 자들이 먼저 받고 난 후 드리겠다고 약속한다. 그러나 이는 씨를 심지도 않고 거두기를 바라는 심보다. 거두려면 씨를 심어야 한다. 농부가 수고하여 뿌린 씨에 풍성한 수확이 있듯이, 먼저 내게 바치는 것이 우선이다. 물질은 신성한 것이며, 악한 것이 아니다. 물질은 누리고 다스리는 것이지, 그것이 목표가 되거나 섬겨서는 안 된다. 물질이 필요하기에 내가 사람을 만들기 전에 엿새 동안 누리고, 다스리고, 정복할 물질들을 만들지 않았느냐.

물질에는 인격이 없다. 그러나 사탄이 물질을 이용해서 많은 사람을 올무에 걸리게 한다. 물질이 악한 것이 아니고, 그것을 대하는 사람의 마음이 악하여, 악하게 사용하는 것이다. 물질을 나보다 더 섬기면 죄악이다. 물질은 필요한 것이며, 있어야 한다. 물질을 잘 다스리며 하늘에 쌓아 두라. 그리하면 너희 자녀에게 축복이 있을 것이다. 너희는 나와 신비의 연합을 하였으니, 이것이 은혜다. 비밀스러운 것이다.

아들아! 너희는 일본 선교의 사명이 있다. 너희와는 피로 섞였고, 일로도 섞이지 않았느냐. 땅끝까지 복음이 전해질 때 내가 온다고 하지 않았느냐. 그 땅끝이 일본이다. 사탄이 마지막 보루로 생각하며 기승을 부리고 있는 그곳에서, 복음을 든 십자군과 치열한 싸움이 벌어질 것이다. 빛을 지닌 많은 자가 일본을 향하여 가고 있으며, 많은 영혼이 내게로 돌아올 것이다. 항상 겸손하며, 낮아지거라. 은밀한 가운데 내 일을 감당하기를 원한다. 말씀 속에 거하며, 항상 기도에 힘쓰라. 네 모든 일에 내가 함께한다.

1987. 8. 12.

아들아! 너에게 선교를 감당할 힘을 주겠다. 겸손을 주겠다. 선교는 영적인 전쟁이다. 사탄의 구렁텅이에 있는 자들을 건지는 가장 귀한 일이다. 선교는 낭만이 아니며, 감상이 아니다. 아들아 네 의지를 버려라. 네 생각을 버려라. 순종하며 감당하면 된다. 네 생각이나 의지로 하지 말아라.

많은 교회가 자기들의 생각과 뜻대로 하기 때문에 선교사들이 실족한다. 물질을 주며 마치 자기의 종같이 여긴다. 자기 마음대로 후원하고 선교를 돕는다고 하나, 그것으로 선교사를 어렵게 만든다. 도끼가 도끼 잡은 자에게 '여기 찍어라' 할 수 있느냐. 많은 도끼가 그렇게 하다가 자기 발등을 찍는다. 선교는 영적 싸움이며, 이것은 심각한 것이다. 선교의 사명이 있다 하여 교만하지 말 것이며 단지 감사로 받아들이며, 성령의 인도하심에 따라 사명을 감당해야 한다. 내가 너에게 선교를 감당할 수 있는 힘을 주겠다. 너 자신을 비우고, 거룩히 지켜 나갈 때 선교에 대한 너의 중보기도가 이루어져 갈 것이다. 사탄은 선교 사명을 감당하는 가운데서도 교묘히 활동한다. 항상 나의 인도를 받아 행해라.

<u>1987. 8. 14.</u>

아들아! 너를 통하여 이룰 내 일을 위하여 기도하여라. 너희 가정을 통하여 이룰 방대한 내 사업을 위하여 많은 기도가 쌓여야 한다. 세대가 악하다. 믿는 자마저 사탄에게 미혹되며, <u>스스로 미혹되는지</u>조차 모르고 있다. 미혹되지 않고 자신을 지키기 위해 말씀을 읽고 묵상해야 하며, 항상 기도해야 한다.

이러한 시간을 내어야 하는데도 많은 믿는 자들이 바쁘다 하며 세상일에 몰두한다. 그러면서 구석진 시간, 자투리 시간을 내게 바친다. 그런 자들은 사탄에게 미혹되기를 기다리는 자들이다. 마지막 때에 믿는 자를 보겠느냐. 믿음은 사상이 아니며, 이념이 아니다. 믿음은 생명이며 전부다. 믿음은 맡기는 것, 온전히 맡기는 것이다. 네 모든 삶을 내게 맡기는 것이다. 너희가 돈을 맡길 때 믿지 못하는 사람에게 맡길 수 없듯이, 네가 믿지 못하는 자에게 생명을 맡길 수 없지 않느냐. 네가 온전히 맡길 때 생명도 맡길 수 있다. 그럴 때 내가 네 안에, 네가 내 안에 함께 거하며 하나가 된다. 온전히 맡기지 못할 때 우리는 둘이다. 아무 상관이 없는 둘이다. 내 생명까지 맡긴다는 것은 사랑이다. 아내가 자기의 생애를 남편에게 전부 맡겼듯이, 신랑인 예수님께 너희 모든 것을 맡기는 것이 믿음이다.

야이로에게 "두려워하지 말고 믿기만 하라"(눅 8:50) 한 말씀을 기억해라. 너희는 믿기만 하면 된다. 나를 믿는다고 교회에 나와 앉아 있으면서도 나를 자기들의 생활 방편, 자기들의 의를 드러내는 방편, 자신의 명예를 드러내는 방편으로 삼는 자가 많다. 이들이야말로 '내가 도무지 알지 못한다'고 한 사람들이다. 라오디게아 교회같이 세상과 나를 겸하여 섬기는 자들, 내가 토해내겠다고 성경에 경고한 이들과 같다. 나를 믿는 것이 자기 이름을 내기 위해, 축복받기 위해서라면 나는 그들의 한 방편에 불과하다. 자기의 영혼을 위하여 애통해하며 내게 다가와야 한다. 나는 너희의 삶의 방편이 아니다. 마지막 때에 믿는 자를 보겠느냐.

1987. 8. 16.

내 사랑하는 자녀들아! 내가 너희를 품에 안는다. 내 날개 안에 거하라. 그러면 너희를 해칠 자가 없으며 내 사랑에서 끊을 자 없으리라. 내 인이 너희 이마에 찍혔으니 너희를 해할 자 없으리라. 너희가 드리는 오늘의 예배를, 찬양을, 기도를 내가 흠향할 것이다. 성전에 나의 신이 운행하며 영혼, 영혼 위에 역사하리라. 몇 명의 영혼에게 거듭남이 있으리라.

<u>1987. 8. 17.</u>

너희가 땅의 사업을 위해, 자기의 구할 것을 위해서는 열심히 기도하나, 내 사업을 위해서는 "그것은 하나님의 일입니다" 하면서 기도하지 않는다. 그러나 내 일도 기도의 터 위에 이루어져야 한다. 기도로서 내 일을 위한 터를 닦아 나가도록 하여라.

아들아! 오늘 사업장에 첫 출근하면 자리에 앉아 먼저 나에게 감사의 제단을 쌓아라. 항상 맨 처음 것은 내 것이다. 너희의 첫 시간, 첫 번째의 소득, 첫 번째 자녀, 모든 첫 번째는 내 것이다. 아벨의 제사와 가인의 제사가 다른 것이 무엇이냐. 가인은 자기의 첫 번째 것을 드리지 않았다. 그에게는 동생 아벨을 미워하고 증오하는 마음이 있었으며, 그러한 마음으로 드리는 제사는 내가 받을 수 없다. 너희가 남는 시간, 자투리 시간을 드리는데 어찌 내가 그것을 기쁘게 받겠느냐. 내가 너희가 쓰다 남은 것, 쓰다 남은 부스러기를 내게 바칠 때 내가 그것을 받을 수 있겠느냐. 가인의 제사는 받을 수 없다. "기도 외에 다른 것으로는 이런 종류가 나갈 수 없"(막 9:29)다고 했다. 기도 위에 능력이 나타나며 기도 위에 내가 역사한다. 기도하는 자에게서는 사탄이 떠난다. 모든 것은 기도로 시작하며 기도로 끝맺어야 한다.

<u>1987. 8. 18.</u>

아들아! 일이 영글어갈 때에, 축복이 나에게 다가왔을 때 더욱 기도하여야 한다. 이때에 교만해지기 쉬우며, 자랑하기 쉬우며, 사탄

의 미혹이 있다. 일이 다 될 때 복병이 있다. 이때에 더욱 기도에 힘쓰며 말씀에 거하도록 해라. 이스라엘 백성이 여리고성을 무너뜨리고 긴장을 풀고 적은 무리를 보내어 아이성을 칠 때에 실패했다. 항상 축복 뒤에 오는 복병을 조심해라.

다윗이 일일이 나에게 기도했던 것을 기억해라. 다윗은 "이 블레셋 사람들을 치리이까"(삼상 23:2) 하고 내게 물었다. 그는 "내가 블레셋 사람들을 네 손에 넘기리라"(삼상 23:4) 한 응답을 받고 행동했다. 다윗에게서 배워라. 내가 함께하는 삶은 푸른 초장으로, 쉴 만한 물가로 인도받는다. 나와 함께 아니한 자들은 광야에서의 삶이다. '저곳에 물이 있구나' 하고 달려가 보면 신기루이며, '저곳에 쉴 만한 숲이 있구나' 하고 달려가 보면 가시덤불이다. 그곳에는 전갈과 뱀이 있고 해함만이 있다. 어쩌다 벌집의 꿀을 만나 핥으며 좋아하나 순간이며, 그의 앞길은 광야에서 유리하는 나그네 길이다. 가인이 광야에서 유리하며 지내지 않았느냐. 어디를 가도 참 평안이 없으며 위로와 안식이 없다. 그 광야에서 곧은 길인 예수 그리스도를 바라보면 참 목자의 음성을 듣게 되고, 그 부름에 따라 푸른 초장, 쉴 만한 물가로 인도받는 삶을 살게 된다. 아들아! 시편 23편을 주야로 묵상하며 네 입에서 항상 떠나지 않게 하며 묵상하도록 하여라. 너희가 베풀 때 그 물질은 다 내 것이며, 내게 묻고 기도하며 응답받아 행하여야 할 것이다.

내 음성 듣기를 사모하느냐? 이 우주가 내 말씀으로 꽉 차 있다. 우주에 전파가 꽉 차 있어 너희가 채널을 맞추면 내 소리를 듣게 될 것이다. 마음을 열어라. 많은 사람이 일이 안 풀린다며 하늘을 원망한다. '하나님은 뭐 하고 계시나' 한탄한다. 너희는 내 사랑을 모르며 나에 대하여 알지 못한다. '왜 하나님이 손을 펴지 않으실까!' 한탄하나, 이유는 생각하지 않는구나. 이유를 모르니 그 손을 펴는 방법도 모른다. 그러나 이 모든 것이 성경에 기록되어 있다. 성경에 기록된 대로 하지 않고, 하지 말라고 한 대로만 행하는 교회들이여, 죽어 가는 영혼보다 재물에 더 관심 있는 교회들이여, 성경에 없는 것을 가르치는 교회들이여, 성경으로 돌아와라.

너희가 일본 선교의 열정을 구하였느냐. 내 뜻으로 기도하는 너희의 기도를 내가 이루겠다. 너희 사업을 통하여 내 뜻을 이룰 것이며, 순종하는 자의 놀라운 모습을 보게 될 것이다. 너희의 역사로 일본을 원수로 생각하며 교회 강단에서조차 적대감이 울려 퍼진다. 이것이 마치 애국인양 나타난다. 그러나 이는 잘못이다. 원수를 미워하면 그것은 살인과 같다 하지 않았느냐. 살인한 자는 하나님의 징계를 받으며 어려움을 당하게 된다. 한 국가가 한 국가를 적대시하고 미워하면 그것 또한 살인이다. 이것은 국가적 어려움을 야기하고, 내 징계의 수순을 밟는다. 처음부터 이런 일 당하지 않도록 그리스도의 사랑으로 용서하고 용납하는, 성경에서 요구하는 말씀에 따라야 한다.

사랑은 먼저 주는 것이다. 많은 사람이 교회에 와서 사랑받기만을 원한다. 그러나 그래서는 안 되며, 교회 와서 한 공동체로서 주는 사랑을 하여야 한다. 자기들끼리 먹고 마시고, 내게 바친 물질을 쓸 곳에 쓰지 않고 허비하는 모습이 되어서는 안 된다. 너희는 먼저 주어라. 그리하면 내가 채워 줄 것이다. 일만 달란트의 빚을, 도저히 갚을 수 없는 빚을 탕감해 주었으니 백 데나리온을 주어라. 너의 적은 것을 주어라. 너희는 엄청난 예수의 생명을 잉태받은 자다. 생명을 지닌 자만이 생명을 재생산할 수 있다. 이제 너희는 예수의 생명을 잉태시키는 일을 하며, 잉태의 산고를 같이 나누며, 나를 영접하기까지 고통을 나누며 기도하여라. 말씀 속에서 나의 음성을 들으며 모든 것을 분별할 수 있을 것이다. 말씀을 묵상하며 항상 기도에 힘써라

<u>1987. 8. 20.</u>

교회는 그리스도의 몸이며 여러 지체가 모여 하나가 되며 일을 하는 것이다. 다 손이 되면 누가 그를 옮기겠느냐. 다 발이면 누가 일하며 먹이겠느냐. 각 지체가 다 있어야 하며, 모두 자기 할 일이 있다. 지체는 서로 섬겨야 한다. 만일 손이 '내가 높다' 하여 섬김을 받고자 하면 어떻게 먹고 어떻게 일하겠느냐. 결국 먹지도 못해 허기지고 죽어 버리지 않겠느냐. 서로의 지체가 섬김을 받고자 하면 죽는다. 서로의 지체가 섬기고자 할 때 생명이 있으며 열심히 일할 수 있다. 교회에도 여러 지체가 있다. 선교사로 가는 자가 있으면, 남아서 그들을 돕는 자가 있어야 한다. 이렇듯 모든 지체가 서로 섬기며 협력할 때 진정한 교회가 된다.

열두 제자가 예수 그리스도를 중심으로 모여 3년간 가르침을 받고 초대교회로 모여 일할 때 복음이 전파되었다. 서로 인정받으려 하고 높아지려고 하며 복음을 전파치 않는 교회는 신앙의 의미로서는 교회가 아니다. 교회의 선택은 중요하다. 내 길을 따르는 데는 희생과 수고가 따른다. 그러나 나를 위하여 바친 희생은 내가 열 배, 백 배로 갚을 것이다. 나는 결코 빚을 지지 않는다. 낮아지고자 하는 자는 높일 것이요, 주는 자는 더욱 얻을 것이요, 죽는 자는 살 것이다. 이것이 하늘의 비밀이다.

내가 너희를 옮겨 제자를 삼았듯이, 너희도 가르치며 또 제자를 삼고 외치기를 원한다. 마지막 때에 믿는 자를 보겠느냐. 내 생명을 지닌 자는 외치지 않고는 견딜 수 없다. 그 나라와 그의 의를 구하라. 그리하면 모든 것을 더하여 줄 것이다. 우주의 모든 것이 내 것이다. 공중의 새와 들꽃도 먹이고 입히는데, 너희를 굶게 하랴. 믿지 않는 자는 광야의 티끌을 모으나, 내가 너희에게 주는 것이 광야의 티끌만 못하겠느냐. 너희는 말씀을 배우고 듣기를 열심히 하여라. 세상의 지식도 오랜 세월 배우는데, 영생의 말씀을 듣고 배우기에 열심을 다하여라. 너희 육체로 맺은 형제보다 하나님 안에서 더 사랑하며 위로하며 도울 수 있다.

<u>1987. 8. 21.</u>

여호와를 경외하는 것이 지혜의 근본이라고 하였다. 세상에는 지혜가 없다. 너희가 이 세상 어디에서 보석을 찾을 수 있겠느냐. 어느

농부가 밭에서 보석을 발견하고는 자기의 전 소유를 팔아 그 밭을 샀다는 이야기를 듣지 않았느냐. 보석이 내 말씀 속에 있다. 그 속에서 지혜를 얻어라. 말씀 속에 거하며 항상 기도할 때에 그 영혼이 바로 서고 살찌게 되며, 따라서 육체도 강건해지며 범사에 형통함이 있다.

어떤 자들은 자기가 지혜의 근본이라 여긴다. 일이 잘되면 교회에 가겠다고 한다. 그러나 이는 어리석은 것이다. 나에게 맡기지 못하고 자기가 해야 잘되겠다고 말하는 자들이다. 말씀이 갈하여 생수를 구하는 자들이여! 내 말씀을 먹어야 이 세상을 이기며 살아갈 수 있다. 너희는 세상에 거하지만 세상에 속한 자들이 아니다. 내가 너희에게 순 은사는 귀한 것이며 엄청난 것이다. 너희가 그것을 다 알지 못한다. 그러나 그대로 누려라.

1987. 8. 28.

나는 명예 있는 자, 물질 있는 자, 재주 있는 자를 들어 쓰지 아니하며, 거짓 없는 자, 정직하며 순결한 자, 순종하는 자를 들어 쓴다. 재물이 있으나 믿음이 없으면 내게 유익이 없다. 지식이 많으나 믿음이 없으면 내게 유익이 없다. 재능이 많으나 믿음이 없으면 내게 유익이 없다. 내게 유익한 것은 순결하며, 거룩을 지키며, 순종하는 것이다.

1987. 8. 31.

인생은 잠깐 있다가 가는 안개다. 잠깐 있는 동안 적은 것이라도 하늘에 심는 자가 되어야 하며, 영원한 삶을 지녀야 한다. 이 땅에서의 수고와 고생이 하늘나라에서의 영원한 삶에 비추면 그 대가는 값을 치르고도 남는다. 인생은 안개와 같은 것임을 기억하여라.

<u>1987. 9. 1.</u>

어리석다. 이미 너희에게는 성경이 있고 이 땅은 말씀으로 꽉 차 있는데 왜곡된 진실에 생명을 바치는구나. 이 땅에 많은 교회가 모이는 자의 숫자에 연연하며 지위와 명예와 물질을 따르는 모습이 있으니 어찌할까. 예수도 공생애 3년 동안 단지 열두 명의 제자를 두었다. 중요한 것은 숫자의 많고 적음이 아니라, 의인 한 사람, 믿는 자 한 사람이다. 아무리 수많은 군중이 모여도 진정한 제자 하나를 양육하지 못하면 아무 의미가 없다. 만 명, 이만 명이 모이면 무엇하겠는가. 아직도 "만 명의 성도를 주시옵소서. 오십 명을 파송하겠나이다"라고 기도하는 교회는 깨달아야 한다. 참된 믿는 자 한 사람이 열 명의 선교사를 보낼 수 있다. 내가 잃어버린 양 한 마리를 찾는 모습을 깊이 묵상하여라. 여기에 내 뜻이 있다. 예레미야도 성령으로부터 의인 한 명을 요구받았다. 목자들은 양들을 제자로 키우지 않으면 안 되며, 진정으로 믿음의 성도가 되었을 때 그는 내 제자요, 친구요, 자녀이다. 나는 너희가 평생 동안 한 사람을 진정한 크리스천으로 인도하기를 바란다. 그것이 내 뜻이다.

1987. 9. 4.

아들아, 너는 유리하는 나그네가 아니다. 내 뜻을 이루며 분명한 목표를 지니고 사는 하늘나라의 백성이다. 두려워하지 말며, 근심 걱정하지 말아라. 네가 느끼든 못 느끼든 나는 항상 너와 함께 먹고 듣는다. 항상 감사해라. 감사가 끊어질 때 불안해지며, 두려워진다. 네 모든 근심, 걱정을 내게 맡겨라. 전지전능한 아버지가 네 아버지다. 평안하여라. 내가 너에게 평안을 주겠다. 내 손이 짧아서 돕지 못함이 아니며, 내 귀가 둔하여 듣지 못함이 아니며, 너희가 믿고 구하지 않기 때문에 얻지 못한다. 걸으면서, 또 운전하면서 순간순간 기도하여라.

1987. 9. 5.

아들아! 내 방대하고 큰 사업은 낮은 곳에 있다. 유명한 사람, 이름난 목사, 높은 지위에 있는 자에게 내 방대한 뜻이 있는 것이 아니다. 낮은 곳, 지극히 낮은 곳에 내 큰 뜻이 있다. 사람들이 없다가 물질이 생기면 높아지려 하고, 낮은 자를 업신여기며 더 높은 곳을 쳐다본다. 사다리를 놓고 자꾸 높아지려 하지만, 낮은 자를 섬기는 자가 하늘에서 가장 높은 자다. 높은 자를 섬기는 것은 악인이나 무식한 자도 할 수 있다. 높아지지 말아라. 스스로를 낮추어라. 낮은 자를 섬기는 것이 진정한 섬김이며 하늘에서는 높은 자가 됨을 기억해라.

십자가의 사랑과 부활을 묵상해라. 내가 주는 사랑은 세상의 사랑과는 다르다. 내 사랑은 십자가의 수치와 고통과 죽음으로 치른 사랑이며, 값 주고 살 수 없는 생명을 준 사랑이며, 너희 세상의 사랑과는 다른 것이다. 갖은 고난을 겪으면서 생명을 바치기까지 너희를 사랑한 십자가의 사랑을 깊이 깨달아라. 거기서 능력이 나타난다. 많은 사람이 성경에 있는 대로, 또 교회에서 가르치는 대로 하였으나 능력이 없다고 한탄한다. 그러나 그것은 십자가의 사랑을 깊이 깨닫지 못해서다. 십자가 사랑을 알지 못하는 자는 불만을 품고 불평하게 된다. 자기 자신에게 십자가의 사랑이 없는 것은 한탄치 않고, 목자를 한탄하고 말씀을 의심한다. 내 피와 살을 먹기 전에 십자가의 사랑을 깊이 묵상해라. 십자가 앞으로 나아가는 자는 그 십자가 사랑을 깊이 깨달았기 때문이며, 그런 자는 자기 생명도 내어놓을 수 있다. 생명을 내놓기까지 한 나의 사랑을 깊이 묵상해라. 너희의 믿음이 깊어지기를 원한다.

1987. 9. 8.

아들아! 내 최대의 관심은 영혼들이다. 믿는 자들이 그 영혼보다는 교회에서 구별되는 것에 관심이 많다. 자기 구원과 자녀들의 축복을 구하는 기도만 한다. 버려진 영혼들, 그들 중에 내가 피로 값주고 산 자도 있다. 그들에게 관심을 가져야 한다. 선교는 영적인 전쟁이며, 너희의 열정과 불씨가 일본 안에 큰불을 일으킬 것이다. 나는 부자나 권력자가 아니라 순종하는 자를 들어 쓴다. 예수도 어부, 세리를 제자로 삼고, 땅끝까지 복음을 전했다. 믿음은 순종이다. 말씀 안에서 지혜를 얻어야 하며, 기도하며 준비해야 한다. 그 일은 적진에 붙잡힌 내 백성을 구출하는 일이니, 이것은 내가 정한 때에 나의 방법으로 이룰 것이다. 이 일은 하다 말면 안 되고, 계속 밀어붙여야 한다. 이 일을 위해 사람을 모을 것이다. 그들에게 감화와 감동을 주어 내 때에 이룰 것이다. 언젠가 목자와 함께 작전을 짜게 될 것이다. 너희를 박해하고 미워했던 그들을 구출하는 일은 아름다운 일이다. 일이 중요한 만큼 많은 기도의 준비가 있어야 사탄을 물리칠 수 있다. 이 준비를 위해 기도하며, 말씀 속에 거하여라. 네가 감당할 만한 믿음 안에서, 네가 감당할 만한 환경 안에서, 네가 감당할 만한 조건 안에서 내 일을 맡길 것이다.

1987. 9. 9.

사랑은 생명까지 줄 수 있다. 사랑하는 자에게는 자기의 생애는 물론 모든 것을 맡길 수 있다. 사랑 없이 믿을 수 없으며, 믿음 없는 사랑이 있을 수 없다. 내 일을 하는 자가 뜨거운 사랑의 열정 없이 한다면, 그것은 자기기만이요 가증한 것이다. 십일조를 인색한 마음으로 계산하며 따지며 내는 자들, 헌금했으니 축복 받을 거라는 생각으로 하는 자들의 것은 내가 받지 않는다. 내가 물질이 없는 것도 아니요, 온 우주가 다 내 것인데, 주는 자도 나요, 거두는 자도 나다. 그들은 마치 자기 것을 내게 인심 쓰는 것처럼 착각하고 있다. 대접은 주인이 나그네에게 하는 것이다. 주인은 나인데, 잠깐 있다가 가는 나그네 인생을 살면서 주인인 줄 착각한다. 주객이 전도된 격이다. 너희가 한낱 먹고 마시고 입는 것은 잠깐 있다가 없어질 것이다. 왜 그것에 연연하면서 복의 기준으로 삼느냐. 눈도 닫혔고, 귀도 닫힌 무리가 계속해서 오고 있다.

사랑 없이는 아무 일도 할 수 없다. 사랑은 믿음이며, 믿음, 소망, 사랑 중에 제일은 사랑이라 하였다. 나는 모든 것을 사랑으로 이루었고, 사랑으로 결론이 날 것이다. 나는 순결하고 선하고 정직하고 거룩하다. 나는 순종하는 자를 들어 쓰며, 그를 통해 내 일을 이룰 것이다.

<u>1987. 9. 10.</u>

아들아! 아내 사랑하기를 내게 하듯 해라. 네 골육을 돌봐라. 네 가까운 골육 가운데 굶주리는 자가 있나 돌아보아라. 자기 부모 형제를 사랑치 않는 자는 나를 사랑할 수 없다. 자기 가족을 용서하고 사랑하면 그 골육에 있는 영이 기뻐하고 사랑에 감사하게 된다. 많은 사람이 유다와 사마리아에 빛을 비출 줄 알면서, 가까운 자기 형제에게 빛을 비추지 못하는 과오를 범한다. 빛은 모든 곳을 비추는 것이며, 비켜 가지 않는다. 내가 남녀가 만나 가정을 이루게 하였으며, 그 가정이 귀한 것이니 모든 것에 잘하여야 한다. 내가 너와 항상 같이함을 잊지 마라. 너와 함께 먹고 마신다. 무슨 문제가 생길 때, 나에게 기도하며 지혜를 구해라. 네 사업과 자녀의 문제는 기도 위에 역사한다.

<u>1987. 9. 17.</u>

아들아! 구역을 잘 돌보아라. 그 영혼들이 내게 돌아올 수 있도록 먼저 네 마음을 그들에게 열어라. 그들이 네게 마음을 열 때에 내게도 마음을 열게 될 것이다. 지금까지 양육 받은 대로 그들을 양육해라. 예레미야가 성 중에 의인 하나를 조급히 구하는 모습으로 구역장의 일을 감당하여라. 세상과 영적 전쟁에 양발을 걸치고 있는 자들이 온전히 세상에서 발을 빼내어 내게로 향하도록 해라. 이 일은 귀한 일이다. 기도하게 해라. 그저 "아버지"라고 먼저 고백하는 기도가 필요하다. 기도할 수 있도록 가르쳐 주어라. 기도하지 않으면, 무장 해제된 모습으로 사탄에게 공격받는다. 본인도 무의식중에 사탄에게 조종당하고 있음을 알지 못한다.

내가 너에게 구역의 양들을 맡겼으니 잘 인도하여라. 큰 열매, 많은 열매를 맺고자 하는 자는 눈물 흘리며 씨앗을 뿌린다. 건물을 높이 지으려면 그만큼 기초를 깊이 파야 한다. 기초를 깊이 팔 때에는 파는 것에만 전념해야 한다. 그 위에 올릴 것 때문에 조급하지 말아라. 올리는 것은 저절로 잘 될 것이다.

<u>1987. 9. 19.</u>

중보기도는 생명줄이다. 많은 사람이 금, 은, 보석으로 된 면류관을 생각하나, 영혼을 구원으로 인도했을 때 그 영혼이 면류관이 되는 것이다. 한 영혼이 천하보다 귀하다. 영혼은 등불이며, 가장 아름다운 것이며, 그것 자체로 면류관이다. 너희의 중보기도로 많은 영혼

을 인도하여 하늘에서 상급과 면류관 받기를 바란다.

이 땅에서 면류관을 받기 위해 하는 봉사는 나와 상관이 없다. 그 마음의 중심이 나를 향한 봉사여야 한다. "내가 주의 이름으로 병을 고쳤습니다." "내가 주의 이름으로 큰일을 했습니다."라고 하더라도 나를 향한 마음의 중심과 뜨거운 사랑이 없이 한 것은 나와 아무 상관이 없다. 또 그것은 내 영광을 도적질한 것이다.

내 뜻을 헤아려 아는 것이 지혜다. 내게 한 고백을 사람들에게도 똑같이 할 수 있어야 진정한 고백이다. 내게는 "예"라고 해 놓고, 사람들에게 "아니오" 하면 이것은 이중적이다. 내게나 사람에게나 하나로 답하여야 한다. 말씀 안에서 지혜를 구하여라.

1987. 9. 20.

축복이 있을지어다. 내 이름으로 모이는 모든 양들에게 축복이 있을지어다. 나는 모든 사람을 사랑한다. 너희가 나를 미워하든, 부정하든, 내 손에 못을 박든 너희를 사랑한다. 인간의 사랑의 대상은 사랑할 수 있는 사람, 조건이 맞는 사람이지만, 나는 악의 극치를 달리는 사람, 몹쓸 병에 걸려 모두가 피하는 사람까지 사랑한다. 그들의 영혼을 더욱 불쌍히 여긴다. 소외되고 버림받은 자들에게 내가 함께 있으며, 빛과 소금이 그곳에 필요하다. 빛이 많은 곳에 빛이 가면 무슨 일을 할 수 있겠느냐. 내 사랑을 너희가 알 때, 너희도 사랑할 수 있다. 오늘의 예배에 내가 함께하며, 너희의 찬양에 수천의 천사가 수종 들게 하겠다.

아들아! 네 입술을 조심하여라. 네 생각, 네 뜻으로 양육하지 말 것이며, 성령의 인도하심으로 성경 말씀에 기준하여 양육하라. 여리고 순한 밭에 씨를 뿌릴 때, 먼저 큰 돌멩이와 작은 돌멩이를 다 치워야 하니 조급하게 하지 말아라. 간 밭을 또 갈지 않도록 해라. 한 번 갈되, 서서히 분명히 잘 갈고 나가도록 하여라.

<u>1987. 9. 22.</u>

아들아! 나를 얼마나 사랑하느냐? 나를 사랑하는 마음 없이 성경을 보면, 그것은 율법 책이요 윤리를 다루는 책일 뿐이다. 혹 성경학자들이 나를 사랑하는 마음 없이 그것을 분석하고 뜯어 해석한다. 나를 믿지 않는 사들의 철학이나 사상을 응용하여 해석한다. 그러면 그 속에 있는 진리, 생명, 내 사랑을 발견할 수 없다. 내 사랑을 아는 자가 사랑의 마음으로, 사랑의 안경으로 성경을 볼 때, 생명을 느끼고 하늘의 비밀을 깨닫는다. 내 뜨거운 사랑을 가질 수 있다. 성경 안에서 진리를 깨달아라.

한 학생이 시험을 치르는데, 문제가 어려워 선생님이 교과서를 보고 답을 써도 좋다고 했다고 해 보자. 평소 공부를 하지 않은 학생은 그 말을 들어도 좋지 않다. 정답이 책 어디에 있는지 모르니 소용없다. 그러나 평소에 열심히 공부한 자는 정답이 어느 곳에 있는지 곧바로 알고, 바르게 답을 찾아 쓸 수 있다. 너희가 인생을 살아가면서 시험을 당하는 어려운 때가 있다. 그때 그 문제의 정답이 있는 책이 너희 손 안에 있다. 평소에 성경을 읽으며 기도로 항상 준비해라. 시험을 이기는 힘이 여기에 있다. 말씀과 기도 외에는 길이 없다. 창조된 인간이 말씀을 만들고, 진리를 만든 것이면, 그것은 인간이 만든 종교다. 성경 안에서 비밀을 깨달아라. 네 아버지가 이 온 우주의 주인이며 주관자임을 기억해라. 네가 내 안에, 내가 네 안에 있어 하나 된 것. 그 하나라는 것에 진리가 있다. 그 안에 기쁨과 평안과 위로가 있다.

<u>1987. 9. 23.</u>

믿음은 모든 말씀을 믿는 것이다. 믿음은 사랑이다. 사랑하는 남녀가 서로 결혼을 약속했다. 그런데 한 쪽이 상대에게 "내게 당신의 사랑을 보여 주세요" 하면, 무슨 수로 보이겠느냐. 마음을 열어 보이겠느냐, 물건으로 셈할 수 있느냐. 그러나 같이 살아가다 보면 어려움과 시련을 마주한다. 그 어려움을 함께 이기고 헤쳐 가는 과정에서 사랑을 느끼고 감격하게 된다. 당장은 사랑을 볼 수 없지만, 믿고 결혼하는 것이다. 사랑하는 사람들에게는 믿음이 필요하다. 믿는 순간 결론을 얻고자 하지 말아라. 시련을 당할 때 이길 수 있는 힘이 사랑을 통해 공급될 것이다.

그들을 양육할 때 정답을 주려고 하지 말아라. 정답은 스스로 알게 되며, 또 스스로 깨우쳐야 한다. 다만 너희는 그들의 입장이 되어서 도와라. 나무가 빨리 자라기를 원한다고 하여 잡아당겨 자라게 할 수 있느냐. 그러다 뿌리까지 뽑힐 수 있다. 빨리 성장시키려면 너희가 그들의 좋은 토양이 되어 주고, 물과 햇빛이 되어 주면 된다. 그들

속에 믿음은 내가 키울 것이다. 예루살렘 성전에서 의인 한 사람을 찾아 나서는 예레미야를 보아라. 소돔과 고모라가 의인 열 명이 없어 망하는 것을 보아라. 너희에게 맡겨진 양들을 잘 돌보아라. 예수를 아는 것이 지혜이며 복이다.

오, 사랑하는 아들아! 작은 것에 순종하는 자가 큰일에 순종한다. 많은 사람이 크게 드러나는 것을 좋아하며, 큰일에 순종하기를 원한다. 그러나 작은 일에, 눈에 보이지 않는 작은 일에 순종하는 자가 모든 일에 순종한다. 큰 건물을 보아라. 눈에 보이는 것은 크지만, 그것은 가루가 모여 이루어진 것이다. 작은 벽돌을 수도 없이 쌓아 올렸고, 흙을 물로 개어 발랐다. 그 큰 것에는 튼튼한 기둥이 있고 단단한 기초가 있다. 많은 사람이 작은 일을 거치지 않고 큰 것을 보기 원한다. 그러나 임시로 지은 모델하우스는 겉으로는 번지르르해 보여도 금방 허물어 없어진다. 작은 일에 순종하여라. 깊은 강은 그 많은 물을 소리 없이 흘려보내지만, 작은 시냇물은 적은 물을 흘려보내면서 요란하기만 하다. 그 넓은 바다는 더러운 빗물을 받아도 그 푸르름을 항상 유지한다. 바다와 같이 넓고 깊은 마음을 갖기 원한다. 사람들의 말에 좌우되지 말며, 항상 초연하여 흔들리지 않는 자가 되라. 너를 만나는 자마다 평안을 얻고, 주를 생각하도록 해야 할 것이다.

<u>1987. 9. 27.</u>

사랑하는 아들아! 내가 평안을 주노라. 너희 가정에 평강과 은혜를 주노라. 너의 장막에 그리스도의 향기가 넘쳐나리라. 오늘은 내 날이니 내 안에서 안식하라. 너희의 예배와 찬양에 함께한다. 네 안에 평안이 있을 때 남에게 평안을 줄 수 있다. 네 안에 기쁨이 있을 때 남에게 기쁨을 줄 수 있다. 네 안에 감격이 있을 때 남에게 사랑을 줄 수 있다.

자녀의 문제로 근심하지 말아라. 내가 그들을 지키겠다. 그들은 자라는 아이니까 너희 기준에 맞추지 말고, 너희가 그 나이 때를 생각하여 이해하고 용납해라. 그러나 방관자는 되지 말아라. 내가 믿음이 연약한 자에게 큰일을 요구하지 않듯이 어린 자녀에 대해 근심하지 말아라.

<u>1987. 9. 29.</u>

이 땅에 먹을 것이 없어서, 입을 옷이 없어서, 살 곳이 없어서 문제가 아니고, 사랑이 없어 문제다. 어려운 사람에게나 높은 빌딩의 높은 의자에 앉아 있는 사람들에게 없는 것이 무엇이냐? 다 있는 것 같은데 사랑이 없어 메말라 있다. 이 땅의 기근, 전쟁, 권력 다툼, 이 모든 것이 사랑이 없어서 벌어진다. 내 사랑을 통하지 않고서는 진정한 해결의 길이 없다. 나를 모르고는, 내 사랑을 간직하지 않고는 견딜 수 없다.

눈에는 음란으로 가득 차 있고, 입술에는 독을 품고, 손에는 악이 가득한 자들, 그들에게 진정한 사랑이 없다. 내 사랑을 갖기 위해 길이 있지 않느냐. 그것은 말씀과 기도다. 사람들은 스스로 내 길을 택하지 않고 멸망의 길을 자초하며 선택한다. 노아 때에 그런 자들은 모두 물로 심판을 받았으며, 내 말을 거절한 자에게는 심판이 있을 뿐이다. 불의 심판, 영원한 지옥에서의 불은 심판으로 말할 수 없는 고통을 받을 터인데, 지금 말씀을 대하고 눈물로 기도하는 것이 고통스럽다 할 수 있느냐? 하루 세 끼 먹고 마시는 것이 그렇게도 중요하냐? 세상 것으로 말초 신경을 기쁘게 하는 것이 그렇게도 중요하냐? 그 영혼은 죽어 가고 있다. 누룩이 온통 퍼져나가 부풀게 하는 것같이 사랑은 자꾸 자라 가야 하는 것이다.

<u>1987. 10. 1.</u>

나는 너희를 사랑하기로 작정하였다, 너희가 나를 십자가에 못 박고, 또 박는다 하더라도 나는 너희를 사랑할 것이다. 나는 너희를 생명을 취하여서라도, 다리를 부러뜨려서라도, 재물을 쳐서라도 구원하기를 원한다. 너희는 고통스럽고 괴롭다 하겠지만, 그것이 내게 돌아오는 길이다. 그것이 나의 사랑이다. 나는 너희가 평안히 거하며 먹고 누리기를 원하나, 고통과 괴로움 없이 내게로 잘 오지 않는 인간의 완악함이 있다. 내가 사랑하기에 간섭하는 것이다. 문제가 있음에도 아무 고난 없이 먹고 마시며 편안히 지내는 자들은 불쌍한 자들이다.

돼지를 보아라. 아무 걱정 없이 평안히 누워 먹고 자지 않느냐. 그것은 먹히기 위하여, 그의 살을 제공하기 위하여 자기의 앞일도 모르고 평안히 지내는 것이다. 사탄의 그림자 속에서 평안히 먹고 마시며 누워 있는 자들은 사탄에게 먹히기 위하여 살을 찌우고 있는 짐승들이다. 이러한 짐승의 모습이 교회에 많다.

주의 날이 도적같이 임할 것이다. 항상 깨어 말씀과 기도에 거할 것이며, 슬기로운 다섯 처녀와 같이 등불을 준비하고 예복을 준비하여라. 이르지도, 더디지도 않게, 정확한 때에 올 것이다. 주님이 오셔서 계산하자 할 때에 남는 것이 있어야 하지 않겠느냐. 항상 말씀을 가까이하고, 기도에 힘써라. 깨어 기도하는 자에게 주님 오신다는 천사의 나팔 소리가 들릴 것이다.

<u>1987. 10. 3.</u>

아들아! 마지막 때에 믿는 자를 보겠느냐? 내 이름으로 병을 고치고 기적을 베풀었느냐? 내가 너를 도무지 알지 못한다. 믿음이 무엇이냐? 나를 사랑하지 않고서는 믿음을 가질 수 없다. 눈에 보이는 이웃을 사랑하지 아니하는 자가 어찌 나를 사랑할 수 있느냐? 사랑의 기초가 없이 하는 봉사, 은사, 구제, 아무리 아름다운 것을 쌓아 놓았다고 해도, 그것은 블록으로 쌓은 것 같다. 아무리 아름답게 쌓아 보아라. 사랑이 없으면 그것은 손으로 툭 치면 와르르 무너지는 장난감 블록 같은 것이다.

믿음이 무엇이냐? 나를 사랑하는 열정이다. 말씀과 기도로 그 열정이 더하여 가지 않겠느냐. 바리새인, 사두개인 같은 모습이 교회 안에 많이 있다. 이들은 "주를 영접한 자, 주의 이름을 믿는 자가 되었습니까?"라고 물으면 "예"라고 입술로만 대답한다. 이것은 목자 앞에서는 "예"지만 내 앞에서는 "아니오"다. 그 영혼이 "예"라고 말하고, 그 영혼이 나를 향하고 사랑할 때에 진정 그는 나를 영접한 자다. 그런데 입술로만 "예" 하고, 마음으로는 "아니오" 하는 자가 많다.

<u>1987. 10. 5.</u>

나를 영접하고 어떻게 되었느냐? 이전의 모든 삶에서 전폭적으로 변화하였느냐? 연인이 서로 사랑하여 고백하였다면, 그날부터 온전한 사랑을 이루어가고자 함이다. 그들이 서로 결혼하였다면, 다시 자기 부모 밑으로 들어가 사는 것이 아니요 서로의 가정을 꾸려야 한다. 나를 영접한 자는 다시 과거 자기 삶으로 돌아가서는 안 된다. 나를 영접한 그날부터 변화가 시작되며, 자기의 옛 허물들이 벗어지고 새순이 돋아난다. 나를 영접하는 일은 예수 그리스도의 생명을 잉태하는 일이다.

이 일에 어찌 아픔과 고통이 없겠는가? 그러나 생명을 잉태하는 자는 그 아픔과 고통과 시련이 축복이었음을 안다. 자기 성품이 변하지 않은채 믿는다고 하는 자들은 영접한 자가 아니다. 많은 이가 교회 문을 나서며 하나님을 잊고 세상으로 나간다. 이기심이 교회를 타락시키며 세속화시켰다. 나를 영접하는 것이 어떤 것인지 잘 묵상해라. 내가 너와 함께 있어 성령으로 거하심을 너의 피부로 알기를 묵상해라.

1987. 10. 10.

아들아! 무슨 일이든지 혼자 한다 생각지 말며, 협력하여 같이 하는 데 의미가 있다. 한 사람이 특출하게 이끌어 나갈 때는 독선과 독재가 되기 쉽다. 혼자의 지혜는 편협하기 쉬우니 여러 명이 함께 지혜를 짜는 것이 중요하다. 부족한 자끼리 함께 모여 협력하는 가운데 아름다운 사랑의 공동체가 된다. 결과보다 과정이 더 중요하다. 아들아! 네가 이끈다고 생각지 마라. 너는 그들에게 동기부여하는 역할이다. 앞에서 이끄는 것이 아니라, 뒤에서 밀어주는 자로서의 역할을 해라. 섬기는 자의 모습이 되어라. 너 혼자 독재하면 다른 사람들은 더 멀어진다. 항상 그들을 섬기는 자세로 하며 기쁨, 슬픔을 같이 나누며 뒤처진 자를 위해 기도하며 일해 나가도록 하여라.

1987. 10. 12.

사랑하는 자들이여! 모든 근심, 걱정, 염려를 기도로 고하여라. 기도는 능력이 있으며 역사하는 힘이 있다. 히스기야 왕이 전심으로 기도할 때 그의 수명이 15년이나 연장되었다. 그 기도의 능력을 너희가 성경에서 보지 않았느냐? 성경에 반복되는 역사의 과정에서 기도하는 자와 기도하지 않는 자의 인생을 너희가 보지 않았느냐? 항상 쉬지 말고 기도할 것이며 목표를 놓고 기도하여라.

1987. 10. 14.

자기가 이루지도 못하면서 순종치 아니하는 교만이 있다. 되는 일이 없으면서도, 나에게 무릎 꿇지 않는 교만이 있다. 내가 언제까지 참아야 하느냐. 높은 산이 깎이고, 골짜기가 메워지며 험한 길이 평탄하게 되는 고통의 인내가 없이는 내 영광을 볼 수 없다. 말씀으로 골짜기를 메우며, 교만의 높은 산들을 깎아 내리지 않고서는 내게로 나아올 수 없다. 믿음의 선조들을 보아라. 고통 없이 나의 영광을 본 자가 있었느냐? 고통이 있다 해도 그 뒤에 올 영광을 위해 끝까지 인내하며 이기는 자가 되어라. 십자가 뒤에 부활이 있었음을 묵상해라.

1987. 10. 16.

아들아! 네 몸을 귀중히 여겨라. 일하는 데 지혜롭고, 미련하지 말아라. 네 몸은 성령이 거하는 전이니 피곤하지 않게, 어려움이 없도록 해라. 너의 역할은 육체적 노동이 아니요 정신적으로 기획하고 경영하는 것이다. 도움이 필요하면 동역자와 단합해라. 아들아, 지혜로워라. 앞으로 일이 커지면 커질수록 사람을 늘려 쓰며 숙련시키며 키워야 감당할 수 있다.

처음부터 질서를 잘 잡아 일하도록 해라. 네 아내를 걱정시키지 말고 네 육체를 아끼며 일해라. 네 생활의 리듬을 깨지 말아라. 네가 할 일은 이 사업이 끝이 아니다. 너를 통해 할 나의 사업이 있다. 항상 몸을 귀중히 여기며 경영자로서 피곤하지 아니하여야 문제가 생길 때 올바르게 판단할 수 있다. 네 몸은 성령이 거하는 전이다. 네 몸은 네 것이 아니고, 내 것이다.

많은 사람이 자기 귀를 즐겁게 하고, 자기의 갈급하고 목마른 것만을 시원케 해 주는 것을 좋아한다. 나를 믿는 것인지, 내가 주는 떡을 믿는 것인지 헷갈릴 지경이다. 오병이어의 기적을 베풀 때에도 그들은 나를 믿지 않고 내가 주는 떡을 믿었다. 그때나 지금이나 마찬가지다. '음악이 좋다, 안 좋다' '실내 장식이 마음에 든다, 안 든다' '그 사람이 마음에 든다, 안 든다'고 말한다. 자신이 순결하고 성결하기 위해서는 둔하면서도, 복에는 염치가 없는 자들이 많다. 떡이 없으면 다 떠날 자들이다. 진정 십자가를 바라보며 나를 사랑하는 자가 누구냐. 너희 목자, 그는 나를 사랑하는 자며, 영혼들을 향한 달음박질로 자기의 몸을 십자가에 내놓은 자다.

1987. 10. 23.

사랑하는 아들아! 너희가 내 무엇을 사랑하느냐. 내가 너를 사랑한다 한 첫 만남의 말을 기억하느냐. 그 후로 너희가 나를 향한 마음과 열정이 깊어졌음을 내가 안다. 많은 은혜 받은 자들이 나와 만났으나 변화 없이, 사랑 없이 된 자들도 많았다. 내가 네 안에 있고, 네가 내 안에 있는 삶이 얼마나 아름다우냐. 얼마나 귀한 것이냐. 많은 사람이 축복을 구하고 자기 소원을 바라나 나와 함께 하나가 되면 그 모든 것을 저절로 누리는 것이다. 부모와 자녀가 한집에 함께 누리지 않느냐. "달라, 달라" 하여 주어지는 것이 아니고, 나와 하나 되는 삶이 중요하다.

모든 인생의 정답은 예수다. 그를 알 때 방황도 슬픔도 고통도 죽음도 끝이 난다. 사람이 제 뜻대로 되었다 하여 성공이 아니며, 나의 뜻대로 이루어진 것이 성공이다. 성공의 개념을 바꾸어라. 복의 개념을 바꾸어라. 예수를 이해할 때, 예수를 알 때 그것이 성공이며 복이다. 예수 외에 딴 이름 준 것이 없다. 우주의 처음과 끝이 그 없이 된 것이 없으며 그는 사랑이다. 그와 함께할 때 너희 인생의 모든 답이 거기에 있다. 예수를 더욱 깊이 묵상해라.

<u>1987. 10. 24.</u>

믿음은 허상이 아니고 실상이다. 과거를 시인하는 것이 믿음이 아니며, 미래에 이루어질 것을 실상으로 바라보는 것이 믿음이다. 너희의 자녀는 내 자녀이며, 내가 너희에게 맡긴 것이다. 온전히 나에게 맡기어라. 공부에 피곤하여 졸려 할 때는 잠을 재워라. 사람은 체력에 한계가 있다. 잠을 줄인다고 하여 글자 한 자가 더 머릿속에 들어가는 것이 아니다. 잠을 자는 것도 공부다. 내일을 위한 투자다. 아무리 지식을 얻는다 해도 몸이 쇠약해지면 소용이 없다. 씨를 뿌릴 때가 있으면 거둘 때도 있다. 씨는 사람이 뿌리지만 물을 주고 햇빛을 주며 자라게 하는 것은 나다. 내가 마음을 정하면 한 알곡도 거두지 못한다.

사람이 태어나고 죽을 때까지 그 호흡은 내가 주관한다. 세상 사람들 방식으로 앞으로만 가게 하지 말아라. 때로는 잠깐 머무는 것도 지혜다. 더 빨리 앞으로 가기 위해 뒤로 물러설 수도 있다. 아침 일찍

일어나고 밤늦게 일한다 해도 내가 함께하지 않으면 허사니라. 밤새
도록 잠 안 자고 지킨다 한들, 파수꾼의 경성함이 허사가 될 수도 있
다. 아무리 사람이 애쓴다 해도 결과와 결론은 그가 내는 것이 아니
며, 내가 주장한다. 많은 사람이 일생 동안 금식하고 철야하며 기도
한 것을 쌓아 놓은 것이 내 앞에 얼마나 되겠느냐. 개미가 일생 열심
히 일하여 먹을 것을 쌓아 놓았다 해도 사람의 삽 한 술에 다 없어질
수 있듯이, 너희의 쌓은 것은 내 입술, 내 입김에 티끌과 같은 것이다.
내가 함께하지 아니하는 것은 허상일뿐이다. 내게서 지혜를 배워라.

<u>1987. 10. 26.</u>

아들아, 레위기를 보았지? 수많은 제물에서 강같이 피가 흐르니,
성경은 피비린내 나는 책이다. 인간의 죄 때문에 아들 예수의 피까지
흘려야 했다. 그 피 뿌림의 역사가 지금도 계속되고 있다. 이 예수의
피를 입은 자들은 죄 사함을 얻고 내게로 나온다. 많은 사람이 교회
에 모여든다 해도 자기 귀를 즐겁게 하기 위해 오는 자가 많다. 정말
교회에 일이 생겨 "기도하자" 할 때에 나온 자가 몇 명이나 되느냐?
이 교회를 사람의 지혜로 운영해 보아라. 결코 할 수 없다. 성령의 도
우심을 구해야 한다. 이 교회가 사람들의 교회가 아니라 하나님의 교
회라는 것을 너희가 볼 것이다. 아무리 선한 일일지라도 기도로 준비
하지 않으면 자기 의로 하는 것이다.

<u>1987. 10. 29.</u>

나는 인생을 앞서가는 여호와다. 누구도 내 계획에 앞서갈 수 없다. 내가 너희를 지었고, 생기를 주었고, 하루에 24시간을 주었다. 너희 인생에 너희 것이라 할 만한 것이 하나라도 있으면 찾아보아라. 믿음이 무엇이냐? 나를 사랑하지 않고 어찌 나를 믿을 수 있느냐? 아내가 남편을 사랑하지 않고 어찌 그를 믿을 수 있겠느냐? 고통을 만났을 때 그를 사랑하지 않는다면 어찌 그 고통을 극복하고 이겨 낼 수 있겠느냐? 나를 사랑하지 않고는 믿을 수 없다. 많은 믿는 자가 나를 만병봉지약으로 여기는구나. 어려움을 당하면 나를 찾는 것이 마치 상처 난 곳에 바를 약을 찾는 것과 같다.

<u>1987. 10. 31.</u>

아들아! 오랜 고통 중에 나를 만난 아들아! 너의 친구 그는 칠흑 같은 어둠 가운데 있을지라도 문제 해결을 위해 사람만 쫓아다니며 나를 온전히 찾지 않는구나. 아무리 사람을 찾아다녀 보아라. 더 일이 꼬이고, 어려워지며, 괴로움을 당할 것이다. 내가 부를 때 이 땅의 그 무엇이 너를 도와줄 수 있겠느냐? 나를 찾아라. 내 앞에 무릎 꿇어라. "내가 그토록 기도하지 않았나이까"라고 말하지만, 나는 네 마음을 본다. 나는 너희의 해결사가 아니며 아버지다. 아버지로 대해라. 네가 문제를 모두 인정하고 드러내 부끄럼 당하기를 주저하지 않을 때, 너는 그 고통의 멍에를 내려놓고 벗어날 수 있다. 어떻게 해서든 체면을 유지하려고 가식적인 모습으로 "장로가 부끄럼 당하면 하나님

의 영광을 가리나이다"라고 기도하고 있구나. 정작 자기 잘못을 고백하지 않고 덮어둔 채 기도하는 것이야말로 하나님의 영광을 먼저 가리는 것 아니겠느냐. 욥이 자기의 모든 잘못을 인정하고 부끄럼 당하며 자기 의로 여겼던 것들을 온전히 포기했을 때, 그는 나를 만났으며, 그 후 놀라운 복도 받았다.

내가 매면 이 땅에서는 풀 자가 없다. 내가 부를 때 오지 않으면 고통과 괴로움만 더 깊어지고 가중된다. 그가 만나 물질을 요청하여 그 물질을 얻는다 해도, 그의 고통은 더 길어질 것이다. 인생의 모든 답이 내게 있다. 아들아! 네가 만난 하나님을 그에게 이야기하여라. 그는 기도하지 않고 사업을 하려 하니 내가 어떻게 돌보겠느냐. 아들아! 네가 이루어 가는 사업을 위해 이렇게 기도하며 구하며 일하고 있다고 그에게 전하여라. 사울이 마지막에 나에게 무릎 꿇지 않고 사람을 찾아다니며 심지어 신접한 여인을 찾아간 비참한 모습을 보지 않았느냐?

사람에게 의지하지 말고 나에게 의지해라. 거기에 길이 있다. 모든 답이 있다. 아들아! 그를 만나 성경 말씀으로 권면해라. 말씀을 말해라. 너의 사사로운 이야기는 그에게 상처를 준다. 나는 한 영혼을 귀히 여긴다. 그는 내가 사랑하는 아들이다. 그의 손을 붙잡고 기도하여라.

1987. 11. 1.

믿음이 무엇이냐? 내게 얼마나 맡겼느냐가 믿음의 기준이며, 나를 얼마나 사랑하느냐가 기준이다. 장로라고 믿음이 위가 아니며, 평신도라고 믿음이 아래가 아니다. 사업의 흥망성쇠를 위해 십자가가 있는 것이 아니며, 영생과 영벌의 갈림길에 십자가가 있다. 영혼을 구원하는 십자가다. 나는 해결사가 아니며, 인간이 뜻을 정해 놓고 따르는 종이 아니다. 순종이 금식이나 제사보다 낫고, 사랑으로 예배를 드려야 한다. 오늘은 내 날이다. 성찬을 대할 때 십자가를 묵상해라. 네 입술로 드리는 찬양을 받을 것이다. 내 평안을 너희에게 주겠다.

<u>1987. 11. 3.</u>

진정한 사랑이 무엇이냐. 조건도 없고 계산도 없이 순결하고 티 없이 주는 것이다. 최초의 아담과 하와의 사랑이 그러했다. 아름답고 순결하며 거룩했다. 나는 너희를 사랑한다. 나는 사랑의 본체다.

성찬을 대할 때 너희 마음이 어떠하냐? 지은 죄를 생각하고 눈물로 고백하며 회개하는 가운데 떨리는 손으로 포도주를 받는 자에게 그것은 단순한 과실주가 아니다. 내 피가 그 속에 들어가 죄 사함의 역사가 놀랍도록 일어난다. 아무 회개 없이 그저 습관적으로 대하는 자에게는 그것이 단순히 포도주에 불과하다. 믿지 않는 자들이 볼 때 빵 다섯 개와 물고기 두 마리는 단지 음식에 불과했지만, 믿는 자들의 눈에는 오천 명을 먹일 수 있는 기적의 역사로 보였다. 이와 같이 믿지 않는 자에게는 포도주요, 진정으로 마음을 열고 나오는 자에게는 보혈이다. 너희 죄를 사하고자 하는 나의 사랑이다.

나는 거룩하고 순결하기에 사랑하는 자가 죄 가운데 있는 것을 차마 그대로 볼 수 없다. 그래서 직접 피를 흘려 그 피에 적셔진 자들을 구원하고자 했다. 이것이 내 사랑이다. 너희가 나를 사랑하느냐. 자신의 연약함을 인정하며, 자신 안에 사랑 없음에 한탄하며, 나에게 그 사랑을 구하는 자는 마음이 가난한 자며 애통해하는 자다.

1987. 11. 4.

하루하루가 귀중하다. 매일의 삶으로 나를 전하며 씨앗을 심어라. 그것을 기르는 것은 내가 할 것이다. 평생을 이렇게 심어 나가는 자는 내가 와서 계산하자 할 때 내놓을 열매가 있을 것이다. 한 므나를 받은 자가 땅에 묻었다가 내일 주인이 온다 함을 듣고, 밤사이에 불려 100므나로 만들 수 있겠느냐? 매일같이 작은 일에 충성한 자가 결국은 많은 므나를 남길 수 있으며, 큰일도 감당할 수 있다. 작은 일은 시시해서 못하고, 큰일은 벅차서 못하고, 이런 식으로 평생을 지내다 보면 내가 와서 계산하자고 할 때 무엇을 내놓겠느냐? 나는 너를 위해 생명을 주었기에 너희에게 계산을 요구할 수 있다. 하루하루 씨앗을 심으며 많은 열매를 맺기 바란다.

1987. 11. 5.

먼저 눈뜬 자들이여, 나를 위해 이제 무엇을 하겠느냐? 40년의 긴 세월을 지내면서도 나를 만나지 못한 그에게 내가 부른다고 전해라. 만나기를 원한다고 전해라. 지나온 뒤를 돌아보지 말라고, 앞으로의 기쁨과 밝은 영광을 바라보라고 말해 주어라. 언제 뒤를 볼 여유가 있겠느냐? 소돔과 고모라를 나올 때 뒤를 돌아본 자와 같이 되지 말라고 전해라. 아들아! 그에게 가서 너의 기쁨을 말하기 전에 먼저 그의 형편으로 내려가라. 동조하며 이해하며 그의 사정을 들어라. 너의 기쁨은 우선 접어 두어라. 그들의 위치가 되어야 너에게 마음을 열 것이다. 그들은 항상 닫을 준비가 되어 있다. 그의 기도가 내게 상달되었다. 새벽마다 나에게 자식과 자기를 건져 달라며 생명줄을 던져 달라는 그의 기도가 상달되어, 내가 너를 도구로 쓰기를 원한다. 성령이 앞서 일하도록 할 것이다. 순간순간 성령께 기도하여라. 너희가 언제까지 새 성전의 아름다움에만 취하여 있겠느냐? 너희가 언제까지 모인 무리에만 취하여 있겠느냐?

1987. 11. 6.

소금이라고 자처하면서 스스로를 썩은 곳에 녹이지 아니하고 "너희가 썩었다, 썩었다"고만 하면, 그 소금이 무슨 의미가 있겠느냐? 썩은 곳에 소금이 필요하다. 소금이 스스로 녹을 때 썩어 가는 곳을 막을 수 있다. 자기는 십자가를 지지 않으면서 남에게 십자가를 지지 않는다고 손가락질하면 되겠느냐. 삯꾼 목자가 장님이 코끼리를 만지듯 '이럴 것이다, 저럴 것이다' 하면 어떻게 분명히 알 수 있겠느냐? 강단에서 진리를 더듬거리고만 있으면, 삯꾼 목자가 아니고 무엇인가? 또 말씀을 묵상하지 않고 기도하지 않으면 무엇을 알 수 있겠는가? 서로 시기하고 비방하며 손가락질하는데, 거기서 무엇을 깨달을 수 있느냐? 소금이 스스로 녹지 않는데 어찌 주변을 썩지 않게 보호할 수 있느냐? 소금의 진리는 어디에서나 적용된다.

1987. 11. 7.

아들아! 믿는 자들 가운데 염소도 있다. 어떤 이는 기도하면 눈물을 흘리고 '아멘'으로 받는가 하면, 어떤 이는 아무 감격도 없으며 비평만 한다. 양과 염소를 구별하는 지혜를 갖도록 하여라. 네 구역 식구나 이웃에게 말씀을 전할 때 네 사사로운 생각이나 해석을 삼가며, 상대가 어려울수록 더 많은 기도로 준비하여야 사탄의 눌림을 없앨 수 있다. 특별히 일본 선교의 열정을 주었으니, 그들이 우상을 섬기는 이상으로 그들에게 사랑을 베풀어라. 사랑이 모든 허물을 덮는다. 주가 오실 날이 멀지 않았다. 누군가는 '더디 온다' 하지만 그렇지 않고, 누군가는 '빨리 온다' 하지만 그렇지 않다. 다만 내가 온다 하였으니 꼭 온다. 때가 가까웠으니 잘 준비하도록 하여라. 모든 허물을 덮는 사랑으로 사랑해라.

1987. 11. 9.

진정 나를 알지 못하고 성전 뜰만 밟고 다니는 많은 크리스천이 있다. 믿는 자와의 연결이 나와 연결되어 있는 것처럼 착각하는 엄청난 무리들이 있다. 봉사하는 자들을 비난하며 사랑을 줄 줄 모르는 자들, 내가 너희를 알지 못한다.

아들아! 오랜 세월을 자랑하며 성전 뜰만 밟아온 그들, 나와의 만남 없이 회개도 통곡도 애통도 눈물도 없는 그들을 드러내지 말고 돕도록 해라. 진흙탕 속에 흘러가는 그들 하나하나를 구하여라. 사랑하는 자끼리는 서로의 관심과 아픔을 알지 않느냐? 너의 나를 향한 그 뜨거운 열정으로 그들 하나하나를 녹여 주어라. 탕자가 회개하는 마음으로 아버지를 향해 달려온다. 아버지는 그런 아들을 뜨거운 연민의 정으로 바라본다. 이걸 아는 자는 내 마음을 헤아린 자다. 그들이 나를 외면하고 모른다고 할지라도 나는 그들을 사랑한다.

<u>1987. 11. 12.</u>

너희가 아들의 일로 걱정하느냐? 그를 나에게 맡기지 않았느냐? 너희가 나에게 맡겨 놓고 나보다 더 염려하고 걱정하면, 그것은 월권이다. 너희는 아무 염려 말고 온전히 맡겨라. 내가 그에게 소원을 일으킬 것이다. 너희가 너희 소원으로 정하여 그에게 말하면, 그는 갈등할 것이다. 그의 길은 내가 예비할 것이다. 너희는 그의 울타리가 되어라.

야곱의 열두 아들 중 보잘것없는 막내 요셉을 들어 쓴 것은 우연이 아니다. 내가 예비하였고 계획대로 이루었다. 억울한 고통은 없으며, 억울한 계획도 없다. 그를 들어서 예비하여 7년 흉년 때에 모두를 먹이게 한 것이 내 계획이었다. 많은 작고 큰 여러 가지 용도의 그릇들이 있지 않느냐? 그 그릇에 맞게 내가 다 쓸 것이다. 자녀를 내게 맡겼으면 염려하지 말아라. 그는 너의 자녀이기 이전에 나의 자녀다. 기도로 그를 지키며 그의 울타리가 되어라.

‘복음의 국가가 되게 해 주시옵소서’라고 기도하면서, ‘세계의 복음화’를 주장하면서 북한을 포함시켜 보았느냐? 핍박 가운데 믿는 자도 없고 신앙인도 없으나, 그 영혼이 나를 사랑하며 향하는 자들이 많다. 너희는 평안하고 부유하고 안일한 가운데 믿는 자들은 많으나, 진정 나를 사랑하는 영혼은 적다. 안일과 평안과 부유함이 복음을 썩게 만들며, 핍박과 박해가 있는 곳에 복음이 번져 나가고 있다. 핍박하던 중국 땅의 문을 열어 보니, 복음을 지킨 자들이 얼마나 많았느냐? 북한과 남한 중 어느 쪽이 더 징계를 받고 벌을 받을 것 같으냐?

북한의 그들은 너희를 사랑하고 있다. 아버지와 함께 있던 맏아들은 아버지의 뜻을 헤아리지 못했다. 사랑하는 동생을 찾아 나서는 그 아버지의 뜻을 헤아리지 못했다. 불쌍한 맏아들과 같이 되지 말고, 사랑하는 동생을 찾아 나서는 교회가 되어야 한다. 교회의 신도 숫자, 의자 숫자, 건물 높이를 자랑하지 말아라. 십자가의 사랑은 다 어디로 가 버렸는가? 나를 향한 영혼들은 어디 있으며, 자기도취에 빠진 자들이 되었는가? 십자가의 사랑을 회복하며 깊이 묵상하여라.

아들아! 말씀에서 무엇을 묵상하였느냐? 나는 하나님이며, 하나님을 하나님으로 인정하는 것이 나를 사랑하는 것이다. 아들아, 작은 교만이 남아 있어 사탄에게 틈을 준다. 사탄이 미혹하여 공격한다. 물 한 방울로 바위를 뚫듯이, 작은 교만으로도 멸망의 문이 열린다. 너의 처음 설계도를 펴놓고 기도하던 때를 생각해 보아라. 새벽에 말씀을 공부하러 달려가던 때를 생각해 보아라. 나를 향한 첫사랑을 항상 생각하여라. 아쉬울 때만 나를 찾고, 문제를 해결하고자 하는 자들은 나를 자기 종으로 생각하는 것이나 마찬가지다. 아들아, 처음 네 열정을 항상 생각하여라. 큐티를 하거나 말씀을 읽는 것이 의무나 습관이 되어서는 안 된다. 나를 사랑하는 마음으로 한 번이라도 진정으로 해야 한다. 성경은 사랑이라는 기초 위에 쓰인 말씀이며, 사랑이 재료가 된 것이다. 내게 있는 교만을 알게 해 달라고 성령께 구하여라.

<u>1987. 11. 16.</u>

아들아! 근심과 걱정이 온전히 없어지기를 바라느냐? 내가 어디 있다고 하였느냐? 네 몸 밖이냐, 안이냐? 너에게 임마누엘 하나님의 묵상이 부족하다. 네 근심과 걱정이 나보다 너에게 더 가까울 수 없다. 그것은 내가 주는 것이 아니니라. 아들아, 요한계시록 3장 19-20절 말씀을 너에게 준다. 근심과 걱정이 생길 때 이 말씀을 외워라. 너를 지키는 말씀이 될 것이다.

> "무릇 내가 사랑하는 자를 책망하여 징계하노니 그러므로 네가 열심을 내라 회개하라 볼지어다 내가 문 밖에 서서 두드리노니 누구든지 내 음성을 듣고 문을 열면 내가 그에게로 들어가 그와 더불어

먹고 그는 나와 더불어 먹으리라"

너희가 이 세상에서 살면서 염려와 걱정이 생기는 것은 믿는 자나 안 믿는 자나 마찬가지다. 다만 이것을 긍정적으로 생각하며, 나에게 기도하고, 말씀에서 지혜를 얻어 답을 얻으며, 좋은 길로 결과를 얻는 것이 중요하다. 부정적으로 생각하면 더 근심과 걱정이 커지고, 결국은 실족하게 된다. 아들아, 네 믿음이 아직 어려서 근심과 걱정을 하곤 하는 것이다. 믿음이 부족한 것을 안타까이 생각하며, 도움을 요청하는 것이 아름답다. 믿음 위에 선 줄로 생각지 말아라. 믿음 위에 선 자는 아무도 없다. 세상에서 사는 동안 문제는 누구에게나 생긴다. 문제 자체는 악이 아니다. 그 근심과 걱정을 어떻게 처리하는가에 따른 결과가 문제다. 모든 문제의 동기는 같으나, 그 결과는 같지 않다. 모든 것을 나에게 기도로 맡기는 믿음이 아름다운 결과를 맺는다. 믿고 구한 것은 이룬 줄로 아는 것이 믿음이다. 찬양은 모든 근심과 걱정을 물러가게 한다.

<u>1987. 11. 20.</u>

사랑하는 자들이여, 순종하는 자들이여, 너희 주위를 살펴보아라. 그 영혼이 다 장님들이 아니냐? 나의 사랑을 알고 먼저 눈을 뜬 네가, 더듬거리는 그들을 인도하여라. 그 영혼이 병들고, 육체가 병든 그들의 위치로 내려가 그들을 끌어올려라. 건강한 자가 약한 자에게 입으로만 올라오라 하면 어떻게 올라오겠느냐? 올라올 수 있다면 그

는 약한 자가 아니지 않겠느냐? 건강한 자가 병든 자에게 내려가야
한다. 너는 내 사랑을 알지 않느냐? 사랑의 씨앗을 그들의 영혼에 심
어 주어라. 그들도 나의 사랑을 알 수 있도록.

1987. 11. 21.

많은 사람이 자기 소망을 열심히 기도하며, 이루어지면 하나님의
뜻이라고 감사하고, 이루어지지 않으면 갈등한다. 너희의 현실을
무시할 수 없으며, 목표를 스스로 세워 놓고 그것이 하나님의 뜻이
되기를 바라는 자들이 많다. 하나님과 자기 자신과 세상을 모두 동
시에 섬기는 모습이다. 모든 자연을 너희가 누리고 다스리게 되어
있다. 어디 가면 출세할 수 있고, 길이 열리고, 성공할 수 있다고 하
는 것은 너희 사람의 기준이고, 세상의 기준이다. 너희가 땅에서 볼
때에는 어떤 건물은 높고 어떤 것은 낮으나, 하늘에서 땅을 바라보
면 높은 빌딩이나 단층집이나 다 같다. 마음을 넓혀라. 바라보는 눈
을 넓혀라. 내 시선으로 바라보는 연습을 해라.

1987. 11. 27.

사랑하는 이여, 너희가 천국을 누리며, 내 사랑을 어둠 가운데에
있는 가정에 전하면 그곳이 천국이 된다. 또 그들로 인해 그 가정을
바라보는 친척과 주변 사람들이 나의 사랑을 알고 전하면 천국이 각
곳에서 이루어져 나의 나라와 나의 의가 이루어진다. 얼마나 아름
다운 관계냐? 모든 것은 사랑이 있어야 하지 않겠느냐? 아무리 자녀

를 사랑한다 해도, 그 자녀의 아픔에 동참하여 그 아픔을 함께 나눌 때 그것이 진정한 사랑이지, 먹을 것을 준다고, 옷을 입힌다고 사랑이 아니다. 내 말씀을 읽고 잘 아는 학자들은, 사랑 없이 볼 때에는 그들이 뜻을 분석하고 전할 수 있으나, 그것은 신학이라 불리는 학문에 불과하며, 성경은 종이에 인쇄된 책에 불과하다. 그들이 성경을 전할 때 알아듣는 것 같으나, 살아 움직이는 힘은 없다. 나를 사랑하는 마음으로 볼 때, 그것은 생동력이 있는 말씀이 된다. 열렬히 사랑하는 사람이 편지를 보내면, 그를 사랑하는 자가 그 편지를 보고 감격하며 사랑으로 읽지 않겠느냐? 가령 그 편지가 잘못 배달되어 다른 곳으로 간다면, 사랑하지 않는 자가 그 열렬한 사랑의 편지를 받고는 감격하겠느냐? 사랑으로 대할 때, 상대는 변화하게 된다. 사랑은 능력이다. 사랑은 조용한 혁명이다. 수많은 사람에게 메시지를 선포하며 내게로 인도하는 것도 중요하지만, 조용히 사랑으로 어려움 가운데 있는, 죽음 직전에 있는 이웃을 만나며 나의 사랑을 전하여 그들이 빛으로 나오며 천국을 누릴 때, 이것은 더욱 중요하다. 사람이 많이 모인 곳이 천국이 아니다. 천국은 사랑을 전하며 조용히 이루어지는 것이다.

<u>1987. 12. 1.</u>

사탄은 유혹하고 방해하며 어려움을 주지만, 나는 그것을 이용해 너를 훈련시킨다. 네가 깎여야 하고 갈려야 할 부분들을 갈아 낼 것이다. 물론 아픔도 따르지만, 네 모습은 더욱 아름다워질 것이다. 아

들아, 고통을 감사와 찬양으로 이기며 네 믿음이 성장하기를 원한
다. 너에게 걸리는 모든 걸림돌들을 내 피 묻은 손으로 감싸며 보호
한다.

1987. 12. 2.

무엇이 너희를 짓누르며 억압하느냐. 처음 말씀을 사모하며 열심
으로 기도하던 때를 기억해라. 나의 사랑이 진했다 옅어졌다 하는 것
이 아니다. 내 사랑이 없어지는 것도 아니다. 태양이 어찌 없어진다
고 말할 수 있느냐? 어찌 그 빛이 누구에게는 진하게, 누구에게는 연
하게 비친다고 하겠느냐? 다만 태양이 비추는 곳으로 나오는 자는
빛을 받으며, 그늘이나 굴속으로 들어가는 자는 빛을 받을 수 없는
것이다. 나의 사랑도 마찬가지다. 말씀 안에 열심히 거하며, 쉬지 않
고 기도하며, 은혜의 자리를 사모하며 나오는 자들이 내 사랑을 발견
할 수 있다.

1987. 12. 4.

남 앞에서 평신도로서 말씀을 전할 때, 목에 힘을 주지 말며 긴장
하지 말고, 평소와 같이 말하여라. 엄숙하게 하지 말며, 보통 때와 같
이 말하도록 하여라. 깊은 강은 조용히 흐르며, 많은 물을 흘려보내
며, 모든 것을 포용한다. 얕은 냇물은 시끄럽게 소리를 내며 흐르지
않느냐? 아들아! 네 믿음이 깊은 강같이 되기를 바란다. 무엇이든지
포용할 수 있고, 떠 주고 흘려보내도 메마르지 아니한 깊은 강 같은

믿음이 되기를 바란다. 그렇게 될 때에 내가 너를 크게 들어 쓸 것이다. 너희가 내 형상을 닮았다는 것은 모양이 아니고, 인격과 가능성을 닮은 것이다.

<u>1987. 12. 5.</u>

방황하는 영혼을 안타까이 여기며 눈물 흘리며 기도하는 너희의 사랑이 아름답다. 사랑할 수 있는 자를 사랑하는 것은 악인도 할 수 있다. 상대의 환경에 구애받지 않으며 계산하지 않고 베푸는 사람이 되어야 한다. 사랑을 베풀 때, 너희의 가진 것이 쪼개져 작아지고 없어지는 것이 아니다. 쪼개지고 베풀수록 더 풍성해진다. 너희가 기도한 것처럼 삼십 배, 육십 배, 백 배로 풍성함이 있을 것이다. 이것은 하늘의 비밀이다. 입으로만 사랑한다는 것은 허상에 불과하며, 실제로 베푸는 사랑을 할 때 내 사랑을 더욱 놀랍도록 체험하게 될 것이다. 받은 사랑을 나누어 주지 않을 때 그 사랑은 고여 있으며, 기쁨이 사라진다. 사랑을 나누어 줄 때 나의 사랑을 더 깊이 느낄 수 있으며, 기쁨 충만, 성령 충만함이 있을 것이다.

<u>1987. 12. 8.</u>

딸아, 사랑하는 딸아! 네 눈물의 기도로 한 영혼이 생명책에 기록되었다. 천하보다 귀한 영혼임을 알겠느냐?

아들아! 다 믿음의 분량대로 쓰이며, 네가 기쁘다고 그들도 모두 기쁜 것이 아니며, 네가 나를 만났다고 그들도 다 너와 같은 때에 만난다고 생각하지 말아라. 그들은 그들의 때가 또 있다. 아들아, 실망치 말아라. 기르시고 열매 맺게 하는 이는 나 여호와다. 너는 기쁨을 전하고 말씀을 전하고 씨앗을 뿌리기만 하면, 내가 길러서 그들의 때에 들어 쓸 것이다. 너와 다 같다고 생각하지 말아라. 네가 한다 생각하지도 말아라. 내가 한다고 생각하면 섭섭하고 실망할 때가 있다. 구역을 돌보는 일도 나에게 맡겨 자유함을 얻어라. 단지 그들을 위하여 기도하여라. 그들을 위한 축복의 기도가 그들에게 받아들여지지 않을 때, 그것은 너에게로 돌아올 것이다. 아들아, 전지전능한 분이 너의 아버지이며, 그 아버지가 너와 함께하는데 무슨 위로가 더 필요하겠느냐? 내가 너와 함께 먹고, 함께 생각하고 있다. 너의 마음속 깊이 다 감찰하는 이가 너희의 필요한 것들을 다 알고 있다. 일하면서 매 순간 기도하여라. 기도를 쉬는 죄를 범치 말아라. 실망감이 들 때 찬양하라.

<u>1987. 12. 9.</u>

아들아, 너는 하늘에 속한 자다. 땅에 속한 자와 함께 일을 안 할 수 없으며, 어찌 늘 평안할 수 있겠느냐? 사탄에게 조종당해 상식 밖의 일을 하는 자도 있다. 믿는 자에게 핍박과 고통이 없을 수 없지 않느냐? 이와 같은 인간의 사악함 때문에 십자가에서의 죽음을 계획한 것이다. 원수 갚는 것이 내게 있으니, 너희는 사랑을 베풀며 선하게 대해라. 썩은 곳에 소금이 필요하지 않겠느냐. 교회에서만 소금의 역할을 할 것이냐? 가정에서만 하겠느냐? 너희 사무실에서도, 일터

에서도 소금과 빛의 역할이 필요하다. 아들아, 어려움이 없다고 생각하지 말며, 그때마다 네 가장 가까이 있는 나에게 기도해라. 내가 네 속에 거하는데, 이것보다 더 가까이 있을 자가 있겠느냐? 사람들을 사랑으로 대하며 선대하며 다스릴 때, 그들의 마음에 성령이 역사할 것이다.

1987. 12. 10.

아들아! 한 번으로 그들이 변한다고 생각지 말아라. 오랜 세월 찌들고 어려운 생활 속에서 바위와 같이 굳어진 마음들이다. 씨앗을 뿌릴 때 밭을 갈지 않고 씨 뿌리는 농부를 보았느냐. 그들에게 사랑을 나누고, 불쌍히 여겨 주어라. 귀한 영혼들이 너에게 맡겨졌으니, 네 밑에 함께한 식구들을 돌보아라. 그들의 마음이 너희 진실 된 모습 앞에서 녹아들 것이다. 마음을 꽉 막은 돌덩이가 사라질 것이다. 그 마음이 씨앗을 받을 '밭'으로 변할 수 있도록 인내하며 돌보아라. 한 번에 안 된다고 실망하지 말아라. 자라고 열매 맺게 하는 분은 나 여호와니, 네가 그 결과를 보려고 서두르지 말아라. 먼저 그들의 마음이 부드럽게 변하지 않고서는, 그들의 손길이 부드러워질 수 없다. 내가 네게 맡긴 영혼들 때문에 네가 손해 보는 것은 내가 다 채워 줄 것이다. 열 배, 스무 배로 채워줄 것이다.

1987. 12. 12.

아들아! 내가 너를 사랑한다. 내가 너에게 통변을 허락하였다. 사랑은 이론이 아니며, 마음의 감정이 아니다. 실제이며, 경험이며, 체험이며, 감격이다. 나를 사랑치 않고서는, 나를 믿을 수 없다. 아들아, 통변의 감격과 찬양이 더할 때, 내가 너의 혀끝에 힘을 주리라. 이것은 내가 주는 은혜다. 네가 의로워서 주는 것 아니니 자랑치 말아라. 네 영광을 위하여 주는 것이 아니라 내 영광을 위한 것이며, 내 일을 하게 하기 위함임을 알아야 할 것이다. 내가 주는 은혜를 통하여 능력과 지혜를 얻으리라.

1987. 12. 16.

마지막 때에 믿는 자를 보겠느냐? 마음이 상하고 섭섭한 것은 완전히 낮아지지 않았기 때문이다. 내가 십자가에서 피 한 방울, 물 한 방울 남김없이 흘려도, 인간의 완악함이 끝이 없다. 네 자신이 죽어야 한다. 나를 따르는 자는, 자기 십자가를 지고 따라야 한다. 그 십자가는 죽음이다. 네가 죽어야 자유함을 누릴 수 있다. 네 가정이 하나 된 것 같이 구역이 하나 되었다 생각지 말아라. 그곳이 어둡기에 빛이 필요한 것이다. 빛이 오면 문제가 드러나고 갈등이 생길 수 있지만, 빛이 있는 곳에는 어둠이 물러간다. 이 구역이 너희 가정같이 하나 될 수 있도록 기도해라. 더욱 낮아진 모습으로 그들을 대하며 인도해라. 너희의 십자가다.

1987. 12. 17.

내 십자가를 진 자여, 나는 하나님의 뜻을 이루기 위해 골고다에 올라가 십자가를 짊어졌다. 십자가는 고통스러우며 괴로운 것이지, 결코 편한 것이 아니다. 십자가 뒤에 이룰 영광을 바라보며 인내하기를 바란다. 십자가를 거절하지 않기를 부탁한다. 네 형제들이 내게로 돌아오는 열매를 너희가 보지 않느냐? 네 인내의 기도가 열매 맺고 있음을 잊지 말며, 구역을 돌보아라. 그들을 하나하나 너희에게 붙일 것이며, 그들의 마음을 하나하나 열어 역사할 것이다. 그들이 고통의 때에 너희를 찾을 것이요, 너희를 통하여 그들이 나를 만나게 될 것이다. 십자가는 결코 수월한 것이 아니다. 그러나 나를 따르는 자는 십자가를 지고 따라야 한다. 그러나 너 혼자 진 것이 아니고, 내가 함께 지고 있다. 멍에를 내가 나누어 짐을 잊지 말아라. 항상 내가 너와 함께함을 기억해라.

1988. 1. 22.

아들아! 구역을 돌볼 때 말을 그들보다 많이 하지 말아라. 너의 역할은 설교하는 자가 아니고, 그들을 인도하는 것이다. 인도자는 모인 이들 각자의 의견이나 마음속 생각을 내어놓게 하는 사람이다. 성도의 마음에 있는 것을 내어놓게 하고 함께 토론하여라. 성경 말씀에서 빗나가고 이탈되면, 말씀 안으로 끌어들이는 지혜로운 역할을 잘하도록 하여라. 교회에서 설교를 듣고만 있으니, 구역에서는 설교를 듣게만 하지 말고, 그 마음속의 생각과 의심되는 것을 내어놓으며 함께 토론하여 말씀 안에서 답을 구하는 방법으로 진행하여라. 그들 모두 말하게 하고, 네가 나중에 결론적으로 너의 생각을 말하도록 하여라.

교회에서 경직된 것을 구역에서 풀 수 있도록 해라. 기도의 시간이 필요하다. 배우자가 안 믿어 안타까워하는 자도 있고, 현실의 벽 앞에서 애통하는 자도 있다. 서로 마음속에 있는 기도의 제목을 놓고 합심하여 기도하여라. 기도와 말씀을 반반씩 나누어 시간을 활용토록 해라. 어디 가서도 위로받지 못하나, 구역에 와서 위로받는 기회가 되기를 바란다. 네게 맡겨진 영혼들이니, 잘 인도하기를 바란다. 교회에서 부족한 것을 구역에서 채워줄 수 있기를 바란다. 구역 성경 공부 때, 답이 성경 안에 있다면 지나가고, 의문이 남거나 토론해야 할 것에 시간을 할애하여라. 사기 스스로 하나님을 사랑한다고 할 때, 잘못하면 자랑이 되기 쉬우니 이 점을 조심하여라. 너를 보는 만민이 주를 생각하기를 바란다.

<u>1988. 1. 30.</u>

아들아! 성가대에 모이는 숫자에 연연하지 말아라. 진정 헌신된 한 사람이 필요하며, 나는 그를 기뻐한다. 속이 빈 자들이 가득하여 드리는 찬양과, 비록 모인 숫자는 적으나 헌신된 자들이 드리는 찬양 중 어느 것을 하늘에서 더 기뻐하겠느냐? 화음이 좀 틀리면 어떠냐? 사람 듣기에 좀 모자라면 어떠냐? 내 눈에 아름다운 찬양은 한 사람, 한 사람 헌신된 자들의 소리다. 구름같이 왔던 자들은 바람에 다시 날아가며, 이러한 무리의 찬양은 울리는 꽹과리에 불과하다. 사람이 모이지 않는다 하여 애통해하지 말며, 이 일로 인하여 스스로 시험에 들지 말아라. 사람이 필요하면 내가 길에 가득한 돌들로라도 찬양

하게 할 수 있다. 나는 진정 헌신된 자 하나를 더 기뻐한다. 너희 숫자가 모자라면 내가 천사들로 채울 것이다. 사람 붙들고 애원하지 말아라. 사랑은 구걸하는 것이 아니다. 나를 기뻐하고 경외하며, 두려워하고 사랑하는 자는 오지 않고는 못 견딘다. 내가 네 부족을 채울 것이다. 네 소원을 이루어 줄 것이다.

1988. 2. 3.

성품이 변하지 않고서는 거듭났다 할 수 없다. 거듭 태어나, 그 성품과 인격의 변화 없이 나의 일을 할 수 없으며, 주변을 변화시킬 수 없다. 이 마지막 때에 어느 날, 주인이 와서 "계수하자" 할 때 내놓을 열매가 없으면 어떡하겠느냐? 열매 없는 무화과나무가 뿌리째 뽑혀 버림받은 것을 생각하며, 슬기로운 다섯 처녀가 등불에 여분의 기름을 준비하고, 예복을 준비하는 모습이 되기를 바란다. 성품이 아름답게 변하는 것이 열매다. 주 맞을 준비를 잘하도록 하여라. 너희를 바라보는 만민이 주가 동행하고 있음을 보여 주기를 바란다.

1988. 2. 5.

주 맞을 준비를 하여라. 깨어 기도하는 자들은 천사들의 나팔 소리를 들을 것이다. 알리지 않고 오는 법이 없다. 세례 요한이 앞서 길을 예비했던 것같이, 천사들의 나팔 소리가 깨어 기도하는 자에게 들릴 것이다. 아버지는 너희가 본향으로 오기를 기다리고 있다. 너희 본향은 여기가 아니며, 아버지가 계신 곳이다.

<u>1988. 2. 6.</u>

내게 무릎 꿇고 기도하는 자녀가 잘못된 길로 가고 있다면, 나는 그들을 고통과 고난을 통하여 내게로 올 수 있도록 한다. 나를 만나는 것이 복이 아니냐? 고통과 고난은 결국 축복이다. 금을 정금과 같이 되게 하기 위하여 풀무 불에 넣어 단련시키지 않느냐? 이 땅에서 물질이 풍부하게 산다 해도, 그 안에 내가 없으면 그는 다 잃은 자며, 비록 가진 것이 아무것 없어도, 그 안에 나를 소유한 자는 모든 것을 얻은 자다. 너희가 이 땅에서 출세를 원하느냐? 부요를 원하느냐? 명예를 원하느냐? 내가 없으므로 애동해야 한다. 비록 내 저지가 이렵다 하여도, 그 안에 내가 있으면 그는 생명을 얻었고, 영생을 소유한 자다. 모든 것을 얻은 자다. 많은 믿음의 조상들을 보아라. 롯과 아브라함을 보아라. 롯은 기름지고 부요한 소돔과 고모라를 택했고, 아브라함은 광야를 택했다. 롯이 간 소돔과 고모라에는 내가 없었다. 어떻게 되었느냐? 그 기름진 곳, 부요하다고 생각했던 곳이 다 멸망하지 않았느냐? 생명까지 잃고 말지 않았느냐? 너희는 어느 쪽을 택하겠느냐? 내가 함께하는 곳, 임마누엘의 하나님을 택하지 않겠느냐? 우주 만물의 주인이신 하나님이 자녀를 지키지 않겠느냐? 불꽃같은 눈으로 지키시며, 인도하신다. 나를 놓치지 말아라. 임마누엘의 하나님을 묵상하며, 거기에서 나오는 지혜와 명철을 얻어라. 그 지혜가 너를 지키며 인도하리라. 범죄에 너희 마음을 내어놓기가 쉽다. 마음이 청결하기는 어려우나, 성령께서 도우신다. 나를 경외하므로 지혜와 명철을 얻어라.

사랑하는 이여, 악은 간교하니라. 물질로 파고들며, 그 영혼들을 사고 있다. 이들과는 로맨틱할 수 없고, 처절한 싸움뿐이다. 안식일은 영을 재무장하는 날이다. 악에 속해 있는 너희 골육이나, 이웃들에게서 영적으로 벗어나도록 무장하여야 한다. 지난 한 달 동안 지은 죄를 내 살과 피를 먹으며 사함을 받고, 새롭게 되기를 바란다. 내가 십자가의 고난과 고통을 겪었듯이, 나를 사랑하는 자는 나 때문에 겪어야 하는 고난을 겪고, 내 길을 따른다.

1988. 2. 10.

아들아! 마음이 내게 향하여 열려 있을 때에는 두려움이 없으나, 그것이 희미해지며 자기 자신을 바라볼 때에는 어둠이 밀려오며 두려움이 생긴다. 범사에 나를 인정하는 것이 나를 경외하는 것이다. 나를 경외할 때, 매사에 온전히 나를 인정할 때 내가 너와 함께 동행한다. 네 피부로 내 동행을 느낄 때 메마르지 않는 생수가 공급된다. 지혜가 메마르지 아니하며 실족치 않게 하며 가장 좋은 것으로 가장 적합한 때에 이루어 줄 것이다.

나는 범사에 인정받기를 원한다. 부모가 자녀를 위해 아주 좋은 것으로 준비해 놓았는데, 자녀가 그것을 거들떠보지도 않는다면 그 부모의 마음이 얼마나 아프겠느냐? 너희가 나를 인정하지 않았을 때의 내 마음을 헤아려 보아라. 많은 믿음의 조상들도 두려움을 경험하며, 그때마다 하나님을 향하여 말씀을 가까이하여 그 두려움을 물리

치며 믿음이 한 단계씩 높아져 갔다. 이러한 훈련을 통하여 큰 그릇
으로 자란다.

<u>1988. 2. 15.</u>

무릇 마음을 지켜라. 어느 때는 하나님이 크게 보였다가 작게 보였
다 하며, 환경에 따라서 하나님이 슬프게도 보이는 것은 다 사람의
마음이다. 저 넓은 대양을 보아라. 작았다 커졌다 하느냐? 우주를 보
아라. 한 치의 오차 없이 움직이지 않느냐? 오직 변하는 것은 인간의
마음이다. 불완전한 자가 자기의 마음을 자신의 불완전에 밑겼을 때
그 마음은 불완전해질 수밖에 없다. 자기 스스로에게 마음을 내어 맡
길 때 실패와 두려움, 좌절, 공포만이 있게 된다.

그 마음을 내게 향하고 맡길 때 평안이 있으며 온전하게 된다. 마
음을 내게 맡긴 자가 마음의 문을 연 자다. 내게 마음을 맡길 때 내가
그를 주장하며 역사한다. 마음을 내게 맡기지 않고 나에게 역사해 줄
것을 바라면 내가 어떻게 역사할 수 있겠느냐? 마음이 자기를 향한
자의 구함은 자기가 하나님을 섬기는 것이 아니고 하나님이 자기를
섬기게 하는 자다.

<u>1988. 2. 16.</u>

사랑은 희생이다. 그 희생은 인정받지 못하고, 보상받지 못하며,
거절당하고, 핍박받는 희생이다. 아담과 하와가 죄를 지었을 때, 나
는 한 짐승을 죽여 그 가죽으로 그들의 부끄러움을 가렸다. 인간들의

죄를 사하기 위해 내 아들을 죽여 그 피로 깨끗하게 하였다. 이것이 내 사랑이다. 변함없는 너희를 향한 사랑이다.

인간은 자기만족과 교만 속에 있으나, 나는 여전히 너희를 사랑한다. 내 마음으로 모든 것을 생각하는 것이 눈을 들어 높이 보며 그 아래를 내려다보는 것이다. 땅에서만 볼 때에는 어디가 길인지 몰라 방황하지만, 위에서 내려다볼 때 바른 길이 보인다.

<u>1988. 2. 20.</u>

믿음은 기다리는 것이다. 끝까지 인내하는 것이다. 믿음은 자기를 비우는 것이다. 자기 뜻을 비우고, 내 뜻에 맞추는 것이다. 사람이 계획을 세울지라도, 그것을 이루는 것은 나다. 모든 것은 내 정한 때에 이루는 것이다.

너희의 뜻에 내 뜻을 맞추려 하면 실패할 수밖에 없다. 믿음의 조상들을 보아라. 모세는 광야에서 40년을 기다렸다가 내 때에 일을 시작했다. 요셉은 감옥에서 인내하며 기다려 내 때를 맞추었다. 아브라함은 기다리지 못하고 이스마엘을 낳았다. 그가 평생의 가시가 되지 않았느냐? 모든 것은 내 때에 이루어져야 한다. 그것이 가장 아름다운 것이다.

<u>1988. 2. 23.</u>

너희는 나의 큰 뜻을 모른다. 권능자의 뜻을 모른다. 우주에 발을 없고 있는 나의 뜻을 모른다. 아들아! 씨앗이 떨어져야, 열매를 맺을

수 있다. 씨앗이 썩기 싫다 하여 그대로 있으면, 어찌 열매를 맺을 수 있겠느냐? 씨앗에게는 썩어야 하는 고통이 있다. 씨앗이 썩는 고통을 감내해야 많은 열매를 맺으며, 그래야 열매 안에 또 다른 씨앗을 잉태한다. 그 맺힌 열매만큼 씨앗을 그 안에 잉태하는 것이다. 이러한 씨앗이 각 가정에 있으며, 그를 통하여 열매를 맺어 간다.

네 아내가 오랫동안 어려움 가운데 있었던 것을 기억해라. 네 아내가 씨앗이 되었다. 썩는 동안, 어떨 때는 그 모습이 비참하고 슬프지만, 그것은 사람의 눈에 보이기에 그러한 것이다. 썩는 고통 중에서도 이룰 열매를 바라보며 소망을 가져라. 생명을 수년 얻는 것을 알지 않느냐. 십자가의 고통이, 온 인류를 구원할 수 있는 열매를 맺었다. 하나님도 이러한 씨앗의 고통을 통하여 영광을 받으셨다. 주님이 가신 길이 고통의 십자가 길이었음을 묵상해라. 온전히 썩어지기를 바라라. 썩는 고통이 없기를 바라지 말며, 원망하지 말고, 썩기를 순종해라.

<u>1988. 2. 26.</u>

사랑하는 이여, 너희 마음을 넓혀라. 생각과 시야를 넓혀라. 새로운 환경에 대해, 새로운 도전이 너에게 부족하다. 알 수 없는 미래에 대한 도전이 필요하다. 개척 정신이 필요하다. 새로운 것을 도입하고, 기술을 익히며, 도전해야 한다. 앞길을 개척할 수 있도록, 새로운 아이디어를 구해라. 도전할 수 있는 지혜를 구해라. 그리고 열심을 다해야 한다. 사업에서, 가정에서, 교회에서, 새로운 도전이 필요하다.

모든 것을 포기하는 것이 얻는 것이다. 네 것을 다 버릴 때, 내 것으로 채우겠다. 네 지혜를 다 포기할 때, 내 지혜를 주겠다. 네 생명을 버릴 때 영생을 얻을 것이다. 말씀 안에서 지혜를 얻어라. 아무리 수고하여도, 자금이 있고 환경이 무르익어도 내가 함께하지 않으면 모든 것이 허사다. 기도로 내게 모든 것을 맡겨라. 내가 너를 인도하겠다.

1988. 3. 24.

아들아, 내가 너를 향한 소원이 있다. 그 소원은 일본 영혼들의 구원에 있다. 단 한 영혼이라도 더 구원하고자 하는 것이 내 뜻이다. 이 땅에서 먹고 마시는 사업에 그치지 말며, 네 생각과 눈을 높여라. 물질의 부를 누리기 전에, 그 물질을 다스릴 수 있도록 영혼이 잘되어야 한다. 이것 때문에 물질의 어려움을 겪게 된다.

그러나 이 땅에 살면서 어찌 파도가 없기를 바라겠으며, 어찌 광풍이 없기만을 바라겠느냐? 늘 평탄할 수만은 없지 않느냐? 예수가 탄배도 광풍을 만나지 않았느냐? 믿음 없는 제자들은 밀려오는 광풍에 그 파도를 두려워하였다. 내가 함께함을 잊을 때 공포와 두려움이 온다. 나는 폭풍우를 다스리고, 너의 모든 어려운 형편을 알고 있다. 정금같이 쓰기 위하여, 때로 단련한다. 아브라함을 보아라. 그가 나의 명령대로 친척 아비의 집을 떠났으나, 그곳에는 가뭄이 있었다. 처음부터 기름지면 그곳은 소돔과 고모라가 된다. 편안하면 타락하기 쉽다. 물질을 다스릴 수 있을 때에, 모든 부도 내가 줄 것이다.

의인은 재앙을 당하지 않는다고 하였지. 재앙이 와도 그것으로 인해 영적으로 성장하며 믿음이 성장하면, 그것은 재앙이 아니다. 이 말씀을 그대로 믿어야 한다. 폭풍이 온 후, 더 물러가 좌절하는 자가 있는가 하면, 그로 인해 더 성장하는 자가 있다. 다윗이 고통 가운데 평생 나를 섬겼으나, 그의 아들 솔로몬은 풍요 가운데서 이방 신들을 섬겼다. 나는 너희를 사랑한다. 이 사랑을 끊을 자 없다. 내 사랑이 희미해져 보이는 것은 너희 사랑이 나에게서 멀리 떠났기 때문이다.

너희 가는 길이 평탄하기만 하면, 나와 동행할 필요가 없지 않느냐? 너희 가는 길에 돌도 있고, 나무도 있고, 어려움이 있기에 내가 동행하는 것이다. 환경과 여건에 지배받는 자가 아니라, 비바람과 폭풍을 헤치고 앞으로 나가는 자가 나의 자녀다. 모든 영역에서 나는 승리하였다. 너희의 모든 일은 앞으로 이루어질 것이 아니라, 이미 이루었다. 믿음이 있는 자와 없는 자, 두 사람의 길이 어떠하냐? 깜깜한 어둠 속을 똑같이 가는데, 믿는 자의 앞길에는 빛이 있다. 빛이 비추니 그 앞에 무엇이 가로놓여 있더라도 실족치 않고 앞으로 나아갈 수 있다. 앞에 높은 산이 있다 할지라도, 고통이 있다 할지라도, 믿음이 있는 자는 극복할 수 있다.

1988. 4. 7.

이루어질 약속을 믿고 인내하며 기다려라. 지금은 안개가 끼어 있다. 이때 몸을 크게 움직이면 다치지 않겠느냐? 불어서 안개를 쫓을 수 없지 않느냐? 불을 밝힌다 하여 안개를 걷을 수 없지 않느냐? 태양이 비칠 때, 비로소 안개는 물러간다. 안개가 있을 동안에는 몸을 조금씩 움직여야 다치지 않는다. 인생들아, 안개 속에 있는 너희는 알지 못하지만 나는 높은 곳에서 내려다보기에 다 알고 있다. 네 마음과 눈을 내게 두어라.

<u>1988. 4. 19.</u>

너희의 기도가 넓어지기를 바란다. 눈을 들어 높이, 멀리 보아라. 그곳에 있는 영혼들을 내가 사랑하고 있음을 깨달아라. 우주를 너희에게 준 창조주가 너희를 사랑한다. 땅끝에 있는 내 사랑하는 영혼들을 위해 기도하여라. 너희의 기도 위에 구원의 역사가 이루어질 것이다. 내 사랑이 그곳에도 깊고 넓음을 너희가 볼 것이다. 하늘 보좌에서 흐르는 생수가 땅끝까지 흐르기를 원한다. 양식이 없어 기갈이 아니요, 기도가 없어 기갈이다. 말씀이 없어 기갈이며, 사랑이 없어 기갈이다. 너희 기도 위에 내가 역사할 것이다. 내 크고 한량없으며 깊고 넓은 사랑을 너희가 알게 될 것이다. 너희는 내 것이다. 너희는 스스로 있는 자의 것이다. 사랑하는 이여, 말씀 안에 비밀이 있다. 지혜가 있다. 내가 그 안에 모든 인생의 열쇠를 넣어 두었다.

<u>1988. 5. 10.</u>

그렇게 왔다 가는 잠깐의 인생인데, 미워하며 증오하며 분노하며 사는 인생들아! 무릇 지킬 만한 것 중에 너희 마음을 지켜라. 너희 마

음을 악과 탐욕과 음란에 내어주지 말고 깨끗이 지켜라. 너희 행위에 죄악이 있는 것보다, 너희 영혼과 마음이 더러워질까 염려한다. 순결하고 거룩해라. 사랑하며 살기를 원한다. 그 마음에 예수만이 있어야 한다.

1988. 5. 17.

믿음에는 인내가 필요하다. 기다려야 한다. 아버지는 집 나간 아들이 돌아오기를 동구 밖에 나가 기다렸다. 내가 너희의 아버지다. 내가 너희를 그렇게 기다린다. 나를 떠날 때 생명에서 멀어지며 빛에서 멀어지고, 이렇게 되면 어둠이 찾아오고 죽음이 온다. 세상일 할 시간이 한 시간밖에 없다면, 그 한 시간을 내게 맡겨라. 내가 네게 세상일 할 한 시간을 더해 주지 않겠느냐? 쓰다 남은 것이나 시간이 남아 자투리 시간을 내어놓는 것은 흠 있는 양으로 제사를 드리는 것이 아니냐? 너희 입술과 몸과 마음이 나를 향해야 하지 않겠느냐? 믿고 구한 것은 의심하지 마라. 의심도 미혹이요, 시험이며, 불순종이다.

1988. 7. 22.

명예가 있어서 택함도 아니요, 재물이나 능력이 있어서 택함도 아니다. 순종하는 자, 내게 마음을 향한 자를 들어 쓰는 것이다. 너희가 내게 무엇을 줄 수 있겠느냐? 명예냐? 재물이냐? 나는 너희 마음을 원한다. 나를 사랑하지 않고는 이웃을 사랑할 수 없으며, 이웃을 사랑하지 않고는 복음을 전파할 수 없다.

내가 어디 있느냐? 나를 어디서 찾느냐? 높아지기를 원하는 곳에, 존경받기를 원하는 곳에, 인정받기를 원하는 곳에 나는 없다. 자기의 무능을 인정하며, "나는 할 수 없습니다. 도움이 필요합니다" 하는 자에게 내가 있다. 입술로 하는 말이 사람을 변화시킬 수 없다. 깨끗한 마음, 거룩한 마음이 주위를 변화시킬 수 있다. 큰 불이 아니라, 작은 하나의 불씨가 성을 태운다. 더러운 자가 복음을 가지면 그 복음이 자기를 높이는 데, 존경받게 하는 데 쓰이므로 사람에게 독이 되기도 한다. 마음이 깨끗한 자가 복음을 가질 때 그것은 능력이 되며 남을 변화시킨다. 작은 불씨가 되어 주위를 변화시켜 나가는 자가 되기를 원한다.

1988. 8. 10.

말씀을 가진 자가 그 말씀으로 존경받고, 권세를 갖는다. 말씀을 미끼삼아 물질을 낚는 자들이여, 화로다, 화로다. 마지막까지 남는 교회가 얼마나 있겠느냐. 모이는 사람 숫자에, 헌금 액수에, 더 큰 성전에 연연하는 자들이여! 성경 어디에 많은 무리가 모인 것을 복이라고 썼느냐. 복은 숫자에 있지 않다. 교회가 커지고 많이 모이면서 손이 모자라 제대로 양육하지 못하는 것이 문제다. 예수의 이름으로 오지 않는 자들, 양의 문으로 들어오지 않는 자들은 모두 이리 떼요, 도둑이다. 어느새 몸 된 교회의 구석에 은밀히 독초가 자라났다. 양들이 독초를 먹으면 결국 뼈만 앙상하게 남지 않겠느냐? 몸 된 교회를 위하여 기도해라. 기도의 동역자들을 모을 것이다.

너의 마음을 내가 받았다. 너희 마음을 내가 기쁘게 받았다. 때로 욕심의 기도가 있었고, 세상 것에 대한 기도가 있었으나, 우주를 만든 아버지가 너희의 마음을 기쁘게 받았다. 인간이 우주를 채울 수 있으면 얼마나 채우겠느냐? 너희는 마음을 정직하게, 깨끗하게 지켜라. 네 행위, 봉사, 헌금이 나를 기쁘게 하는 것이 아니다. 너희 마음이 나를 기쁘게 한다. 우주를 창조하신 아버지 앞에 너희 존재 자체가 은혜다. 사랑받을 수 없는 대상에서 아버지와 자녀의 관계가 되어 사랑하게 된 것이 만물을 창조한 것보다 더 큰 기적이다. 감사해라. 기뻐해라. 찬양해라. 감사는 교만을 물리친다. 기쁨은 피곤을 물리치며 지혜를 더해 준다. 일이 많고 바빠질수록 나를 바라봐라. 기도로 구하여라. 너의 기도 위에 역사할 것이다. 네 목표가 무엇이냐? 주 예수 그리스도다.

오고 가지 아니하고 가기만 하는 것이 일방통행이다. 가는 사랑만 하는 것은 짝사랑이며, 이것은 이루어지지 않는 사랑이다. 내가 어떻게 사랑하는가를 너는 알지 않느냐? 조건이 맞아서, 계산이 맞으니까 하는 사랑이 아니다. 무조건 사랑하는 것이다.

<u>1989. 1. 7.</u>

아들아, 아들아! 나는 네게 생명을 주었다. 마지막 피 한 방울, 물 한 방울까지도 다 주었다. 너를 내가 생명을 주고 샀다. 아들아, 네 가장 귀한 것이 무엇이냐? 생명이냐, 영생이냐? 그것을 주고서 귀중하지 않은 것을 살 수 있겠느냐? 나는 너를 사랑한다. 사망의 음침한 골짜기에서도, 불길이 있는 길에서도, 네 하나님이 함께하심을 기억해라. 고통 뒤에 부활이 있었듯이, 밤이 깊으면 새벽이 가까운 것처럼, 겨울이 깊으면 봄이 가까운 것같이, 깊은 겨울에 나무가 움트기를 기다리는 것같이, 고통과 멍에 뒤에 있을 영광의 복을 바라보며 나아가라.

<u>1989. 3. 16.</u>

너희가 무엇을 보느냐? 무엇이 보이느냐? 너희가 미워하는 그들, 너희를 미워하는 그들을 나는 사랑한다. 악하고 죄를 범한 자도 나는 사랑한다. 너희가 구별되어 내가 사랑하는 것이 아니다. 내가 너희를 낳았기 때문에 사랑한다. 이스라엘이 불순종하므로 장자에서 끊어진 역사를 너희가 알지 않느냐? 원가지도 그러하거늘, 하물며 접붙임 받은 가지가 온전할 리 있겠느냐? 너희에게 내 사랑이 없음을 한탄한다. 교회에서조차 나의 사랑이 없음을 통곡한다. 사랑할 수 있는 자를 사랑하는 것은 사랑이 아니요, 사랑할 수 없는 자를 사랑할 수 있는 것이 참사랑이다.

나는 2년이 넘도록 개인적으로 성령님으로부터 직접 양육을 받아 왔습니다. 이것은 말로 다할 수 없는 은혜였고, 하나님을 더욱 깊이 알게 된 시간이었습니다. 양육이면서도 하나님과의 교제였습니다. 하나님의 음성을 들을 때마다 황홀했습니다. 하나님은 나를 양육해 주셨고, 변화시켜 주셨습니다. 영혼 구원의 통로로서 사용해 주시는 하나님을 찬양합니다. 나를 사랑해 주시는 하나님의 사랑에 감사를 드립니다.